广州市宣传文化人才培养专项经费资助

政府补助对
科技型企业研发投入影响机制研究
——基于企业融资视角

Research on the Impact Mechanism of Government Subsidies on Technology-based Enterprises' Research and Development Expenditure
—Based on the Perspective of Enterprise Financing

陈 璐／著

图书在版编目（CIP）数据

政府补助对科技型企业研发投入影响机制研究——基于企业融资视角 / 陈璐著 .—北京：经济管理出版社，2021.3
ISBN 978-7-5096-7883-1

Ⅰ.①政… Ⅱ.①陈… Ⅲ.①政府补贴—影响—高技术企业—技术开发—研究 Ⅳ.① F276.44

中国版本图书馆 CIP 数据核字（2021）第 055554 号

组稿编辑：赵天宇
责任编辑：白　毅
责任印制：黄章平
责任校对：陈晓霞

出版发行：经济管理出版社
　　　　　（北京市海淀区北蜂窝 8 号中雅大厦 A 座 11 层　100038）
网　　址：www.E-mp.com.cn
电　　话：（010）51915602
印　　刷：唐山玺诚印务有限公司
经　　销：新华书店
开　　本：710mm×1000mm/16
印　　张：15.5
字　　数：177 千字
版　　次：2021 年 6 月第 1 版　2021 年 6 月第 1 次印刷
书　　号：ISBN 978-7-5096-7883-1
定　　价：98.00 元

·版权所有　翻印必究·

凡购本社图书，如有印装错误，由本社读者服务部负责调换。
联系地址：北京阜外月坛北小街 2 号
电话：（010）68022974　邮编：100836

前　言

能否以创新驱动发展是中国经济实现跨越式发展的关键所在，有效的政府政策将有助于更好地实现企业创新。而融资约束是企业创新发展中遇到的主要困难之一。在此背景下，政府补助行为能否引导社会资金促进企业创新值得深入探究。科技型企业是创新活动的重要主体，研究政府补助对科技型企业融资、研发投入的影响，具有一定的现实意义。

关于政府补助与企业研发投入关系的研究是经济学中一个重要的研究领域。现有研究更多关注它们之间的线性或非线性关系，较少研究它们之间的作用机制，对作用机制的研究也不够深入。本书尝试对政府补助、企业融资以及企业研发投入这三者之间的关系进行较为深入的研究，其中企业融资包括企业融资约束和融资方式，这有助于厘清它们之间的作用机制，有利于丰富相关领域的研究成果，具有一定的理论意义。

本书梳理了相关文献及基础理论，采用2009~2017年深圳创业板上市公司非平衡面板数据进行实证分析，探讨以下内容：①政府补助对科技型企业研发投入的促进作用；②融资约束在政府补助对科技型企业研发投入的促进作用中的中介机制；③信号传递在政府补助对科技型企业研发投入的促进作用中的深层机制；④不同金融发展程度下基于企业融资视角研究政府补助对科技型企业研发投入影响机制的差异；⑤不同创新环境下基于企业融资视角研究政府补助对科技型企业研发投入影响机制的差异。本书的主要研究结论如下：

（1）政府补助能够促进科技型企业研发投入。

（2）政府补助能够缓解科技型企业融资约束，且政府补助能够通过缓解科技型企业融资约束，进而促进企业研发投入，融资约束在政府补助对科技型企业研发投入的促进作用中所占的比重为12.13%。

（3）政府补助能够发挥信号传递作用，增加科技型企业外源融资，其中科技型企业股权融资显著增加，债权融资的增加不显著。政府补助能够通过发挥信号传递作用（增加科技型企业外源融资）缓解科技型企业融资约束。其中，政府补助能够通过增加科技型企业股权融资，缓解企业融资约束。政府补助能够刺激外源融资对科技型企业研发投入的促进作用，其中，政府补助能够刺激股权融资对企业研发投入的促进作用，但不能证明政府补助能够刺激债权融资对企业研发投入的促进作用。

（4）不同金融发展程度下，政府补助对科技型企业研发投入的促进作用存在差异，其中，政府补助对金融发展较好组科技型企业研发投入的促进作用较大。不同金融发展程度下，政府补助均能通过缓解融资约束促进科技型企业研发投入，政府补助均能通过发挥信号传递作用缓解科技型企业融资约束。但政府补助对科技型企业研发投入的作用机制存在差异，差异在于：对于金融发展较好组科技型企业，政府补助能够刺激外源融资（尤其是股权融资）对科技型企业研发投入的促进作用；对于金融发展滞后组科技型企业，政府补助并不能刺激外源融资对科技型企业研发投入的促进作用。

（5）不同创新环境下，政府补助对科技型企业研发投入的促进作用存在差异，其中，政府补助对创新环境较好组科技型企业研发投入的促进作用较大。不同创新环境下，政府补助均能通过缓解融资约束促进科技型企业研发投入，政府补助均能通过发挥信号传递作用缓解科技型企业融资约束。但政府补助对科技型企业研发投入的作用机制存在差异，差异在于：对于创新环境较好组科技型企业，政府补助能够刺激外源融资（尤其是股权融资）对科技型企业研发投入的促进作用；对于创新环境较差组科技型企业，政府补助并不能刺激外源融资（尤其是股权融资）对科技型企业研发投入的促进作用，但政府补助的增加能够影响企业债权融资资金的分配，使企业将债权融资资金更多地分配到企业研发活动上。

本书研究旨在为政府更好促进科技型企业研发投入提供政策启示。本书的研究结果肯定了政府补助在增加科技型企业外源融资、缓解企业融资约束以及促进企业研发投入方面发挥的积极作用。本书进一步提出要充分发挥政府补助对企业研发的引导作用，给出发展政府引导基金以及发展科技金融的具体政策启示。

衷心感谢我的博士生导师张彩江老师、硕士生导师钟永红老师对本书写作的指导和帮助。感谢我的挚友周丽云、黄家良对本书写作提供很好的修改建议。感谢我的爱人、父母、爱人的父母一直以来对我的支持。

由于笔者水平有限,加之编写时间仓促,所以书中难免有错误和不足之处,恳请广大读者批评指正。

陈　璐

2020 年 12 月 1 日

目 录

第一章 绪论 ··· 1

 第一节 研究背景 ·· 1

  一、问题的提出 ·· 1

  二、企业研发投入现状 ·· 2

  三、中国社会融资现状 ·· 4

 第二节 研究意义 ·· 8

  一、理论意义 ·· 8

  二、实践意义 ·· 9

 第三节 文献综述 ·· 10

  一、政府补助与企业研发投入 ····························· 10

  二、政府补助与企业融资 ···································· 13

  三、企业融资与企业研发投入 ····························· 16

  四、文献评论 ·· 19

 第四节 研究内容与方法 ······································· 20

  一、研究内容 ·· 20

  二、研究方法 ·· 22

第二章 概念界定与理论基础 …… 26

第一节 概念界定 …… 26
一、政府补助 …… 26
二、融资约束 …… 27
三、外源融资 …… 28
四、研发投入 …… 28

第二节 理论基础 …… 29
一、市场失灵理论 …… 29
二、融资约束理论 …… 34
三、信号传递理论 …… 38

第三节 本章小结 …… 40

第三章 政府补助对企业研发投入的作用 …… 41

第一节 政府补助与企业研发投入关系假设 …… 42

第二节 研究设计 …… 45
一、研究数据 …… 45
二、变量及描述性统计 …… 46
三、相关性分析及多重共线性检验 …… 50
四、模型设定 …… 50

第三节 实证结果 …… 53

第四节 稳健性检验 …… 54

第五节 本章小结 …… 58

第四章 融资约束的中介机制 …… 59

第一节 数据 …… 61

一、研究数据 …………………………………………… 61
　　二、变量及描述性统计 ………………………………… 61
　　三、相关性分析及多重共线性检验 …………………… 63
　第二节　政府补助对企业融资约束的缓解作用 ………… 64
　　一、假设提出 …………………………………………… 64
　　二、模型设定 …………………………………………… 65
　　三、实证结果 …………………………………………… 66
　　四、稳健性检验 ………………………………………… 67
　第三节　融资约束的中介机制：博弈分析 ……………… 68
　第四节　融资约束的中介机制：实证分析 ……………… 70
　　一、假设提出 …………………………………………… 70
　　二、模型设定 …………………………………………… 71
　　三、实证结果 …………………………………………… 73
　　四、稳健性检验 ………………………………………… 76
　第五节　本章小结 ………………………………………… 78

第五章　信号传递的深层机制 ……………………………… 80
　第一节　数据 ……………………………………………… 82
　　一、研究数据 …………………………………………… 82
　　二、变量及描述性统计 ………………………………… 82
　　三、相关性分析及多重共线性检验 …………………… 84
　第二节　政府补助的信号传递作用 ……………………… 86
　　一、假设提出 …………………………………………… 86
　　二、模型设定 …………………………………………… 89

三、实证结果 …………………………………………………… 90

四、稳健性检验 ………………………………………………… 93

第三节 信号传递在政府补助缓解企业融资约束

中的中介机制 ………………………………………… 97

一、假设提出 …………………………………………………… 97

二、模型设定 …………………………………………………… 98

三、实证结果 …………………………………………………… 99

四、稳健性检验 ………………………………………………… 103

第四节 政府补助对企业研发融资的刺激作用 ………………… 104

一、假设提出 …………………………………………………… 104

二、模型设定 …………………………………………………… 105

三、实证结果 …………………………………………………… 107

四、稳健性检验 ………………………………………………… 111

第五节 本章小结 ………………………………………………… 116

第六章 不同金融发展程度下政府补助的作用机制差异 ………… 118

第一节 数据 ……………………………………………………… 120

一、研究数据 …………………………………………………… 120

二、描述性统计 ………………………………………………… 120

三、相关性分析及多重共线性检验 …………………………… 122

第二节 政府补助对企业研发投入的作用差异 ………………… 126

第三节 融资约束的中介机制差异 ……………………………… 129

一、金融发展较好组融资约束的中介机制 …………………… 130

二、金融发展滞后组融资约束的中介机制 …………………… 133

第四节　信号传递的深层机制差异 …………………… 137

　　　　一、金融发展较好组信号传递的深层机制 …………… 137

　　　　二、金融发展滞后组信号传递的深层机制 …………… 146

　　第五节　本章小结 ………………………………………… 155

第七章　不同创新环境下政府补助的作用机制差异………… 157

　　第一节　数据 ……………………………………………… 159

　　　　一、研究数据 …………………………………………… 159

　　　　二、描述性统计 ………………………………………… 160

　　　　三、相关性分析及多重共线性检验 …………………… 161

　　第二节　政府补助对企业研发投入的作用差异 ………… 165

　　第三节　融资约束的中介机制差异 ……………………… 168

　　　　一、创新环境较好组融资约束的中介机制 …………… 168

　　　　二、创新环境较差组融资约束的中介机制 …………… 172

　　第四节　信号传递的深层机制差异 ……………………… 175

　　　　一、创新环境较好组信号传递的深层机制 …………… 176

　　　　二、创新环境较差组信号传递的深层机制 …………… 185

　　第五节　本章小结 ………………………………………… 195

第八章　研究结论………………………………………………… 197

　　第一节　主要研究结论 …………………………………… 197

　　　　一、政府补助对企业研发投入有显著促进作用 ……… 197

　　　　二、融资约束能够发挥中介机制作用 ………………… 199

　　　　三、信号传递能够发挥深层机制作用 ………………… 199

　　　　四、不同金融发展程度下政府补助的作用机制存在差异　200

五、不同创新环境下政府补助的作用机制存在差异 …… 201
第二节 政策启示 …………………………………… 202
一、充分发挥政府补助对企业研发的引导作用 ………… 202
二、发展政府引导基金 ……………………………… 203
三、发展科技金融 …………………………………… 204
第三节 主要创新点 ………………………………… 205
第四节 研究展望 …………………………………… 206

参考文献 ………………………………………………… 208
附　录 …………………………………………………… 227

第一章

绪 论

第一节 研究背景

一、问题的提出

创新是当前中国经济转型升级的实质。党的十八大明确提出要实施创新驱动发展战略,党的十九大提出要坚定实施创新驱动发展战略,加快建设创新型国家。创新驱动发展战略有两层含义:①是中国未来的发展要靠科技创新驱动;②创新是为了驱动发展。为了加快实施创新驱动发展战略,2016年5月,中共中央、国务院发布《国家创新驱动发展战略纲要》,纲要中明确了企业创新的重要性。企业的研发活动是其创新活动的重要组成部分,而研发活动离不开资金的投入,因此,增加企业研发投入对促进企业研发、创新具有重要意义。

中国尚未陷入研发投入的"加速化陷阱",企业仍有必要增加研发投入(刘胜强等,2015)。研发投入"加速化陷阱"指的是企业研发投入额的不断增加与产品销售收入和利润增长之间的非正相关关系所引起的高风险。外源融资是企业增加研发投入的重要来源。然而,企业普遍存在的融资约束问题抑制了企业研发投入。国务院发展研究中心主持发布的《2017·中国企业经营者问卷跟踪调查报告》显示，融资约束是当前企业经营发展中遇到的主要困难之一（中国企业家调查系统，2017）。科技型企业的融资约束问题更为突出（顾群和翟淑萍，2014）。为了缓解科技型企业融资约束和促进科技型企业研发投入，政府对科技型企业进行了补助。政府补助能否促进科技型企业研发投入？政府补助能否通过缓解科技型企业融资约束促进企业研发投入？政府补助能否通过发挥信号传递作用缓解科技型企业融资约束？政府补助能否刺激外源融资对科技型企业研发投入的促进作用？这些问题都值得研究。

二、企业研发投入现状

近十几年来，中国研发投入水平持续显著提升，从2002年的1288亿元上升到2016年的15677亿元，翻了近12倍。其中，企业研发投入从2002年的708亿元上升到2016年的11924亿元，翻了将近17倍。2002~2016年企业研发投入金额见表1-1。企业研发投入占中国研发投入的比重也逐年上升（见图1-1），从2002年的55.04%上升到2016年的76.02%，可见企业已成为中国研发投入的主力军。

表1-1　2002~2016年企业研发投入　　　单位：亿元

年份	2002	2003	2004	2005	2006
企业研发投入	708	925	1291	1643	2074
年份	2007	2008	2009	2010	2011
企业研发投入	2611	3312	4163	5063	6421
年份	2012	2013	2014	2015	2016
企业研发投入	7625	8838	9817	10589	11924

数据来源：国家统计局《中国统计年鉴》。

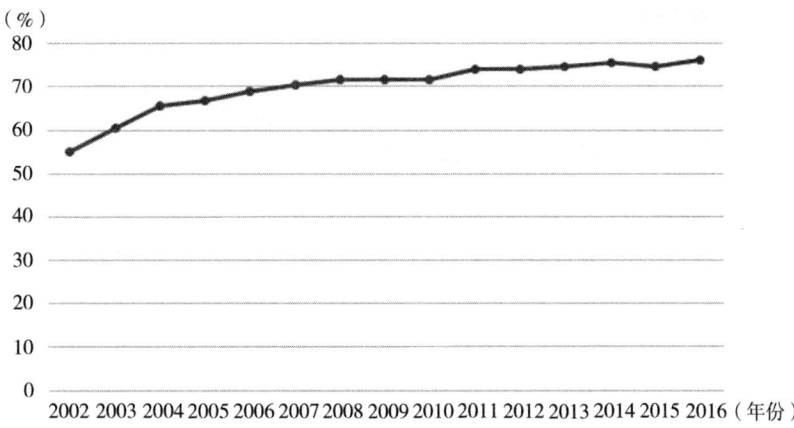

图 1-1　2002~2016 年企业研发投入占比

数据来源：国家统计局《中国统计年鉴》。

虽然企业研发投入水平显著提升，但是投入仍然不足。国家统计局从 2005 年开始发布中国创新指数，反映中国创新总体发展状况。中国创新指数由四部分组成，分别为创新环境指数、创新投入指数、创新产出指数以及创新成效指数（国家统计局社科文司"中国创新指数（CII）研究"课题组，2014）。中国创新指数的提升与这四个部分的提升密不可分。其中，创新投入指数通过创新的人力财力投入情况、创新主体研发部门的建设情况以及创新主体之间的合作情况来反映创新体系中各主体的作用和关系。企业研发投入指数是创新投入指数的评价指标之一。图 1-2 为 2005~2016 年创新投入指数及企业研发投入指数折线图，两个指数之间的差距呈现扩大的趋势，表明企业研发投入的不足影响了创新投入指数的提升，进一步影响了中国创新指数的提升。因此，企业研发投入水平需要提高。如何提高企业研发投入水平，已成为现阶段值得研究的问题。

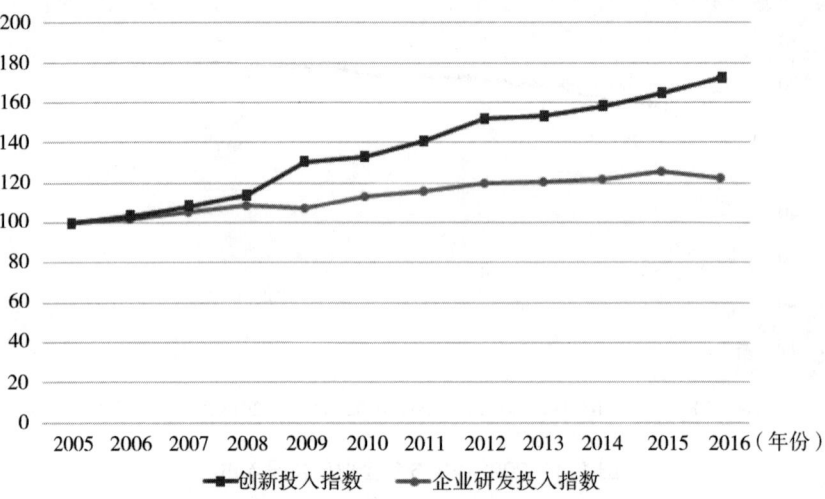

图 1-2　2005~2016 年创新投入指数及企业研发投入指数

数据来源：国家统计局社科文司《中国创新指数研究》课题组。

三、中国社会融资现状

中国人民银行发布的社会融资规模统计数据显示，中国社会融资规模存量在近年来更趋于平稳合理增长，把握了稳增长、去杠杆、防风险之间的平衡。2015~2017 年，社会融资规模存量增长率保持在 12% 左右（见图 1-3 和图 1-4），表明供给侧结构性改革取得了一定的成效，实体经济的去产能、去库存、去杠杆正加速推进。

从结构上看，本外币贷款占社会融资规模的比重有所下降，从 2014 年起，保持在 69%~70% 的水平（见图 1-5）。虽然社会融资对金融机构信贷的依赖有所下降，但仍然保持在较高的水平，说明在中国现阶段的金融体系下，金融机构信贷仍是社会融资的主要渠道。这是由于目前中国的资本市场不够发达，只有较少企业能够在资本市场中直接获得融资。

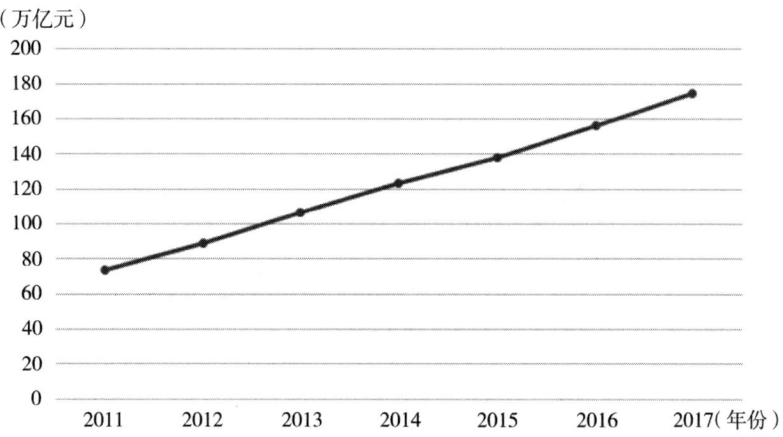

图 1-3　2011~2017 年社会融资规模存量

数据来源：中国人民银行调查统计司。

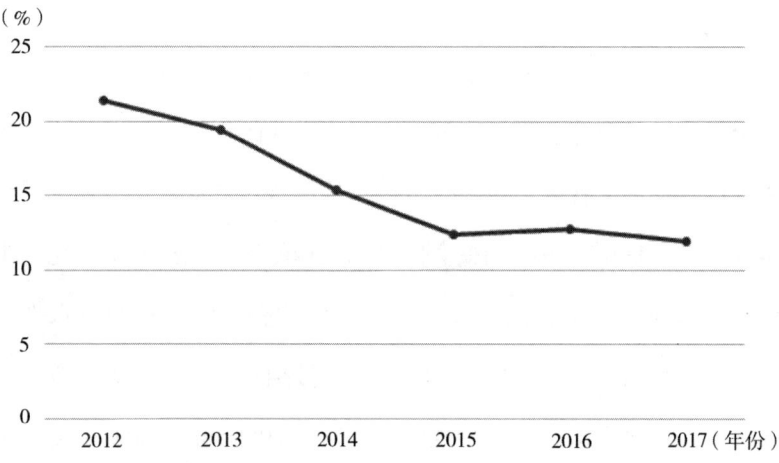

图 1-4　2012~2017 年社会融资规模存量增长率

数据来源：中国人民银行调查统计司。

金融机构信贷作为企业的主要融资方式，会从三个方面影响企业受到的融资约束水平：第一，在改革开放初期，中国金融资源短缺，为

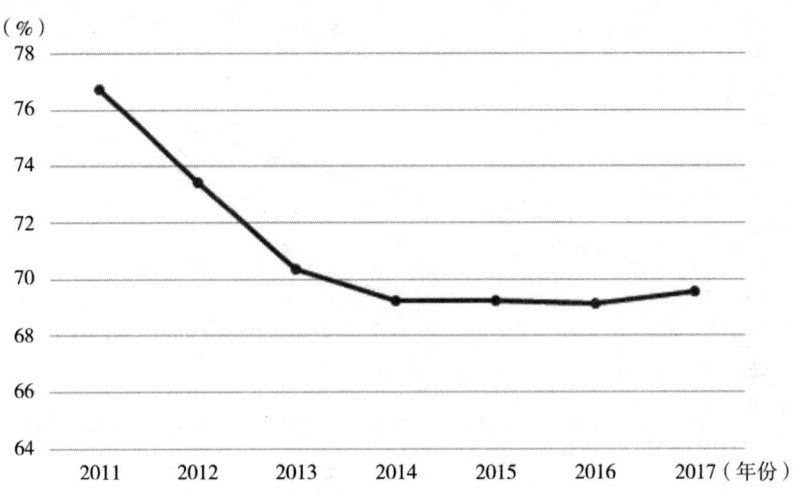

图 1-5 2011~2017 年本外币贷款占比

数据来源：中国人民银行调查统计司。

更快地发展经济，中国实施了阶梯式的发展战略，金融资源存在地区差异。金融资源的分布会在较大程度上影响企业的信贷融资，从而影响企业受到的融资约束程度。第二，金融机构信贷比其他融资方式更受货币政策的影响。货币政策的调整会使金融机构的信贷供给发生变化，难以持续稳定地满足企业的融资需求，从而影响企业的融资约束水平。第三，金融机构信贷属于间接融资方式。间接融资是指通过中介机构在资金供给者和资金需求者之间实现资金融通。但间接融资降低了资金供给者的收益，提高了资金需求者的成本。综上所述，金融机构信贷提高了企业的外源融资成本，增加了企业的融资约束程度。

社会融资规模中企业债券占比从 2011 年的 7.1% 上升至 2016 年的 11.5%，但 2017 年回落至 10.5%（见图 1-6）。一般而言，企业发行债券的成本低于银行贷款成本，企业债券占比的上升有利于降低企业的融资成本。

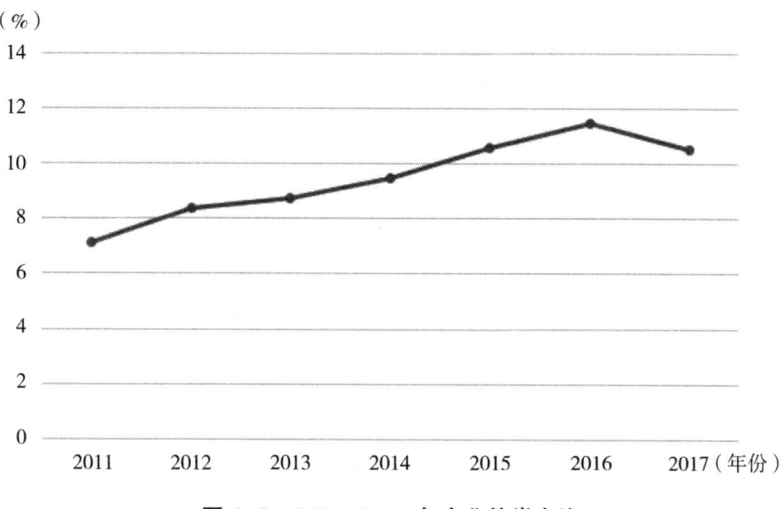

图 1-6　2011~2017 年企业债券占比

数据来源：中国人民银行调查统计司。

社会融资规模中非金融企业境内股票占比从 2011~2017 年表现出"U"形变化，其中 2014 年为最低点 3.1%，2017 年占比为 3.8%，但仍略低于 2011 年 3.9% 的占比（见图 1-7）。非金融企业境内股票占比的变化受到首次公开募股（IPO）暂停的影响。2011~2017 年，曾两次暂停 IPO，第一次为 2012 年 11 月 3 日至 2014 年 1 月，第二次为 2015 年 1 月 5 日至 2015 年 11 月。随着股票市场的不断发展和完善，股权融资占社会融资的比重将不断上升。2018 年 11 月，习近平主席在上海首届中国国际进口博览会开幕式上讲话称将在上海证券交易所设立科创板并试点注册制。科创板的设立及注册制的试点将会对中国企业融资产生深远的影响。

总体来说，虽然中国社会融资规模中企业债券融资占比有所上升，有利于降低企业融资成本，非金融企业境内股票占比有上升趋势，但企

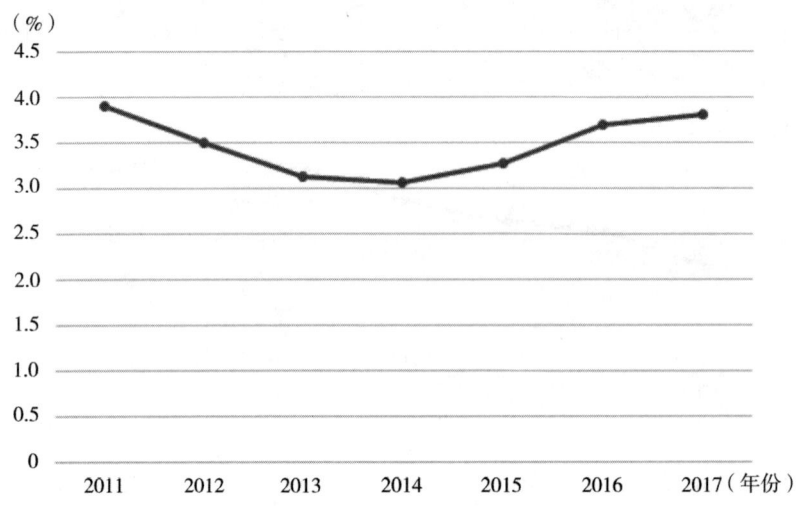

图1-7 2011~2017年非金融企业境内股票占比

数据来源：中国人民银行调查统计司。

业仍以金融机构信贷为主要融资方式，企业的融资成本仍然较高。以金融机构信贷为主的融资结构使企业面临更高的融资约束。

第二节 研究意义

一、理论意义

关于政府补助与企业研发投入关系的研究是经济学中一个重要的研究领域。现有研究更多关注它们之间的线性或非线性关系，较少研究它们之间的作用机制，对作用机制的研究也不够深入。第一，关于政府补助对企业融资约束影响的研究方面，并没有学者用实证分析方法研究政府补助与企业融资约束的关系。第二，关于政府补助、企业融资约束与研发投入这三者之间关系的研究方面，现阶段主要为理论上的阐述，缺少对经验数据的实证研究。第三，关于政府补助、融资方式与企业研发投入之间关系的研究方面，虽然国内外已有相关研究，但这些研究的结论仍然存在分歧。利用不同的数据样本、不同的时间窗口、不同的代理变量，得出的结论不尽相同。本书尝试对政府补助、科技型企业融资以及科技型企业研发投入这三者之间的关系进行较为深入的研究，其中企业融资包括企业融资约束和融资方式，这有助于厘清它们之间的作用机制，有利于丰富相关领域的研究成果，具有一定的理论意义。

二、实践意义

创新是当前中国经济转型升级的实质。企业研发投入对促进企业创新具有重要意义。企业虽已成为中国研发投入的主力军，但企业研发投入仍然不足。从中国创新指数的评价结果可见，企业研发投入的不足影响了创新投入指数的提升，进一步影响了中国创新指数的提升。企业研发投入仍需进一步增加。中国的社会融资结构仍以金融机构信贷为主，资本市场不够完善，企业融资渠道较少，企业普遍面临融资约束问题。融资约束问题制约了企业的研发投入水平。缓解企业融资约束有助于促进企业研发投入，促进企业研发投入有助于促进企业创新，促进企业创新有助于中国经济转型升级。科技型企业是企业研发活动的主力军。为了缓解科技型企业融资约束、促进企业研发投入，政府实施了一系列补助政策。政府补助能否发挥作用？如何发挥作用？这都是中国当前经济转型升级亟须解决的问题。因此，本书研究具有实践意义。

第三节 文献综述

一、政府补助与企业研发投入

刘胜强等（2015）运用双边随机边界模型对中国上市公司数据进行实证分析，得出中国尚未陷入研发投资的"加速化陷阱"，企业仍有必要增加研发投资的结论。Nola 和 Stephen（2010）认为政府补助能够激励企业创新。Gao（2015）认为，尤其是在追赶阶段，政府对企业创新的补助显得更为必要。然而政府对企业进行补助时兼有两种动机：一是促进企业创新，二是协助企业粉饰业绩。尽管如此，肖兴志和王伊攀（2014）的研究表明，政府在对战略性新兴产业进行补助时，促进企业创新仍是政府考虑的重点，政府补助成为粉饰企业业绩的重要手段这一观点并不完全正确。Zúñiga-Vicente 等（2014）指出，关于政府补助对企业研发投入影响的研究，学者得出的结论不尽相同。

国内外大量研究表明政府补助对企业研发投入有互补作用。互补作用是指政府补助可以提高企业研发投入水平。在这些研究中，国内学者分别采用了不同类型的企业作为数据样本进行实证分析，如上市公司数据、国泰安非上市公司数据、大中型企业数据、工业企业数据、高新技术企业数据等（Hu，2001；童光荣和高杰，2004；解维敏等，2009；张日新和江伟钦，2009；王俊，2010；白俊红，2011；李永等，2013；张小红和宇铎，2014；邹彩芬等，2014；陈远燕，2016；邹洋等，2016；余菲菲和钱超，2017；任海云和聂景春，2018；武志勇等，2018）。国外学者分别采用不同国家的数据进行实证分析，如比利时的数据、美国的数据、德国的数据、韩国的数据等（Hamberg，1966；Levy 和 Terleckyj，1983；Holemans 和 Sleuwaegen，1988；Hussinger，2008；Aschhoff，2009；Cin 等，2017）。除了实证分析以外，国内外有学者通过博弈分析得出政府补助对企业研发投入有互补作用的结论（Berlinger 等，2017；马文聪等，2017）。政府补助主要通过分担风险和降低企业资金成本促进企业研发投入（朱云欢和张明喜，2010；Lee 和 Cin，2010；Romero-Jordán 等，2014）。Lach（2002）认为，政府补助对企业研发投入的促进作用并未达到完全，主要由于某些项目即使政府不资助，企业也会继续开展，以及企业为获取补助不惜调整自身项目以靠近政府的补助项目。

有部分研究表明政府补助对企业研发投入有替代作用。替代作用是指企业将政府补助作为自身研发投入的替代品。国内研究方面，郑绪涛（2009）、吕久琴和郁丹丹（2011）、杨晔等（2015）通过实证研究得出这一结论。国内学者认为政府补助替代企业研发投入的主要原因为寻租行为和企业向政府传递虚假信号。潘越等（2009）、余明桂等（2010）、逯东等（2012）、夏力和李舒妤（2013）认为，政治关联虽然能帮助企业获得更多政府补助，但企业并未有效地将政府补助用于研发活动上，政府资源存在严重错配。安同良等（2009）认为，实际上研发活动并不活跃的企业通过雇用高学历研究人员骗取政府补助，而政府却由于信息不对称问题对这些企业进行补助，使政府对企业研发的激励不能达到预想的效果。国外研究方面，Mamuneas 和 Nadri（1996）、Higgins 和 Link（1981）、Wallsten（2000）、Ricardo（2002）也认同政府补助对企业研发投入存在替代作用这一观点。国外学者主要从政府补助刺激企业对生产要素的需求，提高要素价格，增加企业研发成本，最终使企业减少研发投入的角度分析政府补助对企业研发投入的替代作用（Lichtenberg，1988；Goolsbee，1998）。

有学者得出政府补助与企业研发投入的关系并不是单纯的互补或替代关系。Görg 和 Strobl（2007）认为虽然政府补助能够促进企业研发投入，但是过多的政府补助会挤出企业研发投入。Guellec 和 Van Pottelsberghe（2003）、刘虹等（2012）、Dai 和 Cheng（2014）、张彩江和陈璐（2016）通过实证分析得出政府补助与企业研发投入之间呈倒"U"形关系的结论。随着政府补助的增加，企业研发投入开始增加，当政府补助超过最优水平时，政府补助会挤出企业研发投入。Guellec 和 Van Pottelsberghe（2003）计算得出最优政府补助率为14%。戴小勇和成力为（2014）通过门槛面板回归得出政府对国有企业的最优补助率为13.45%~27.75%，若政府补助率超出27.75%，政府补助会挤出国有企业研发投入；而政府补助对私营企业，尤其是高科技私营企业的研发投入只会产生促进作用。

还有学者认为，政府补助与企业研发投入之间的关系是不确定的。Lee 和 Cin（2010）以韩国制造业企业为研究样本，并未得出政府补助有促进企业研发投入的作用。Duguet（2004）、González 和 Pazó（2008）的研究表明，政府补助与企业研发投入之间没有替代作用。Dimos 和 Pugh（2016）则认为替代作用和互补作用均不存在。

政府补助对企业研发投入的作用在不同类型企业间存在差异。在企业所有制方面，肖兴志和王建林（2011）、Liu 等（2016）、马文聪等（2017）的研究表明，政府补助对非国有企业研发投入的促进作用更显著；李婧（2013）的研究表明政府补助对国有企业研发投入有负向影响；江静（2011）的研究表明政府补助对港澳台和外商投资企业研发投入有负向影响。在企业受到的融资约束程度方面，Liu 等（2016）认为政府补助对融资约束高的企业研发投入的促进作用更显著。在企业规模方面，Lööf 和 Hesmati（2005）、李永等（2014）、Liu 等（2016）、马文聪等（2017）得出政府补助对小规模企业研发投入的激励作用更大这一结论，而程华和赵祥（2008）则得出相反的结论。在企业研发强度方面，李永等（2014）认为企业研发强度越大，政府补助的促进作用越大。在企业技术能力方面，Lee（2011）认为政府补助对技术能力较低的企业的研发投入有互补作用，反之有替代作用。李万福等（2017）认为政府补助对高科技企业研发投入的促进作用更为显著。在企业所属行业方面，姜宁和黄万（2010）将我国高技术产业细分为五个行业，得出政府补助对这五个细分行业企业研发投入的影响存在较大差异的结论。

针对研发活动的不同类型以及各个阶段，政府补助对企业研发投入的作用也存在差异。Clausen（2009）认为，政府对企业研究项目的补助能够促进企业研究投入，对开发项目的补助却替代了企业开发投入。其中政府补助对研究投入的促进作用在私人和社会研发回报差距越大的地区越显著。Link（1982）将企业的研发活动分为基础研究、应用研究和试验发展这三个阶段，认为政府补助对基础研究阶段产生挤出作用，对应用研究阶段产生激励作用，但并不对试验发展阶段产生作用。

二、政府补助与企业融资

Takalo 和 Tanayama（2008）通过博弈分析得出，在一定条件下，政府补助能够缓解科技型企业融资约束的结论。他们指出，政府补助主要通过两个方面缓解企业融资约束：一是减少科技型企业的市场资金需求，降低企业的融资成本；二是向企业的外部投资者传递正向信号，增加企业外源融资。

企业、外部投资者以及政府之间存在信号传递现象。政府是外部投资者获取企业信息的渠道之一。政府补助能够向外部投资者传递正向信号，增加企业外源融资（Feldman 和 Kelley，2006；高艳慧等，2012；Berlinger 等，2017；Wu，2017；郭玥，2018）。政府在为企业提供补助前，会进行信息的收集、比较和分析，然后选择对社会更有益、更有发展前景的项目进行扶持，因此，政府对企业投资项目的补助可以看作是对该项目、该企业的肯定。在其他条件相同的情况下，外部投资者更倾向于投资获得政府补助的企业。对于谨慎披露研发项目信息的科技型企业，政府更是外部投资者获得企业信息的重要渠道。

较多学者关注政府补助对银行贷款的信号传递作用（高艳慧等，2012；Wu，2017；申香华，2015；Meuleman 和 Maeseneire，2012；Yan 和 Li，2018）。高艳慧等（2012）、张杰等（2012）、Wu（2017）进一步研究表明，政府补助对银行贷款的信号传递作用仅在非国有企业以及市场化程度较低的地区显著。申香华（2015）得出政府补助增加企业融资规模的作用对非国有企业更显著，政府补助降低企业融资成本的作用对国有企业更显著的结论。政府补助对长期贷款和短期贷款的信号传递作用存在差异，朱治理等（2016）认为政府补助对银行短期贷款的信号传递作用更强，Meuleman 和 Maeseneire（2012）则得出政府补助能够帮助企业更好获得长期贷款的结论。

有学者研究政府补助对风险投资的信号传递作用。傅利平和李小静（2014）的研究表明，政府补助信号被外部投资者接收，有助于风险投资的增加。而朱治理等（2016）则认为政府补助对风险投资的信号传递作用不显著。

在政府补助与企业研发融资方面，梁彤缨等（2012）的研究表明政府补助对企业研发融资起到引导作用。康志勇（2013）的研究表明政府补助可以在一定程度上缓解企业研发融资约束。傅利平和李小静（2014）则得出小而新的企业、国有企业获得补助后相对会更加重视研发投入的结论。Carboni（2011）通过对意大利的企业数据的实证分析，得出政府补助对企业的研发债权融资有积极作用的结论。除了实证研究，国外学者还通过博弈分析得出政府补助可以缓解企业创新融资约束的结论。Kleer（2010）将企业研发项目分为基础研究项目和应用研究项目两类，假设政府与外部投资者具有不同项目偏好，分析了在信息不对称下政府、企业与银行等金融机构之间的博弈行为，得出当政府补助行为能够向市场提供有关企业研发项目的质量信息时，政府补助可以促进企业研发项目获得更多外源融资的结论。

然而，也有学者得出与上述不同的结论。郭晓丹和何文韬（2011）利用战略性新兴产业88家上市公司的数据进行动态面板回归分析，研究结果表明，政府研发补助未能充分发挥信号传递作用，政府应在补助投向、方式和环节上进一步改进。Silva和Carreira（2012）对葡萄牙企业数据进行实证分析，发现虽然融资约束会抑制企业研发投入，但没有证据表明政府补助能够缓解企业融资约束。

三、企业融资与企业研发投入

（一）融资约束与企业研发投入

关于融资约束与企业研发投入的研究，国内外研究主要分两个方面：一是企业研发投入融资约束的存在性检验；二是融资约束对企业研发投入的影响。

（1）企业研发投入融资约束的存在性检验。Fazzari 等（1988）首次提出了融资约束问题，他们指出由于市场的不完善，企业外部融资成本高于内部融资成本，内外部融资不能完全替代，企业存在融资约束，并进一步提出企业投资水平对企业现金流的敏感程度可作为企业是否存在融资约束的判断标准，即 FHP 模型。Laeven（2003）在此基础上提出了欧拉方程投资模型。Almeida 等（2004）构建了 ACW 模型，认为企业持有现金对现金流的敏感程度能够衡量企业的融资约束程度。以上为测度融资约束的模型。除了运用模型，学者还运用各种指数测度融资约束。有学者构建复合指数测度融资约束，如 KZ 指数、WW 指数、SA 指数等（Kaplan 和 Zingales，1997；Whited 和 Wu，2006；Hadlock 和 Pierce，2010）。还有学者用企业特征代理变量测度，如企业规模、产权性质、国有股比例、资产负债率、流动比率、利息支付、外源融资比例、金融相关比率等（郭牧炫和魏诗博，2011；韩忠雪和周婷婷，2011；解维敏和方红星，2011）。

国内外学者运用模型、复合指数或企业特征变量测度融资约束，检验企业研发投入是否存在融资约束。国内研究方面，魏锋和刘星（2004）以股利支付率、多元判别分析方法确定的判别值以及企业规模作为企业所受融资约束的分类标准，实证检验得出中国上市公司存在融资约束，且融资约束与投资—现金流敏感性之间呈正相关关系的结论。卢馨等（2013）、王文华和张卓（2013）运用 FHP 模型得出中国高新技术上市公司存在融资约束，表现出显著的研发投资—现金流敏感性。王山慧（2013）运用欧拉方程投资模型检验中国上市公司是否存在研发融资约束，实证结果表明，中国上市公司普遍存在研发融资约束问题。刘春玉（2014）进一步研究发现高新技术企业以及非国有企业受到的研发融资约束更高。唐清泉和肖海莲（2012）、顾群和翟淑萍（2014）发现探索式创新企业比开发式创新企业受到的研发融资约束更高。国外研究方面，Himmelberg 和 Petersen（1994）、Mulkay 等（2000）、Bloch（2005）均运用 FHP 模型进行研究，得出企业研发投入存在融资约束的结论，其中 Himmelberg 和 Petersen（1994）用美国企业数据进行研究，Mulkay 等（2000）用法国和美国企业数据进行研究，Bloch（2005）用丹麦企业数据进行研究。Brown 等（2009）运用投资的欧拉方程模型对该问题进行研究。结果表明，研发投入对于企业的内部资金表现出强烈的敏感性。Czarnitzki 和 Hottenrott（2011）则以德国最大的信用评级机构的信用评级指数作为融资约束代理变量，通过研究同样得出研发投资存在融资约束的结论。Harhoff（1998）认为规模较小的企业的研发活动受到更为严重的融资约束。Bloch（2005）证实了 Harhoff（1998）的观点，还发现资产负债率较低企业的研发融资约束也更高。Cincera 等（2014）认为年轻企业，尤其是年轻的中高科技企业，受到的研发融资约束更高。

（2）融资约束对企业研发投入的影响。获得充足的资金是企业研发活动能否顺利进行的重要前提（罗绍德和刘春光，2009）。融资约束会对企业研发投入产生影响。国内研究方面，谢家智等（2014）对世界银行投资环境大型微观调查数据进行研究，发现融资约束对企业研发投入具有显著的抑制作用。胡艳和马连福（2015）以创业板上市公司为研究样本，得出了相同的结论。顾群和翟淑萍（2014）发现高新技术企业受到的融资约束程度越高，其研发投入越依赖内源融资。国外研究方面，Millet-Reyes（2004）以美国企业为研究样本，得出企业研发投入强度受融资约束抑制的结论。Czarnitzki（2006）以德国企业为研究样本，发现融资约束制约企业研发投入。Savignac（2008）以法国制造业企业为样本进行研究，结果表明当企业受到融资约束时，企业进行研发活动的可能性会降低。Silva 和 Carreira（2012）以葡萄牙企业为研究样本，发现融资约束会对企业研发投入造成负面的影响。Hottenrott 和 Peters（2012）、Gorodnichenko 和 Schnitzer（2013）也得出企业研发投入受到融资约束的制约这一结论。

（二）融资方式与企业研发投入

关于融资方式与企业研发投入的研究，主要分为两个方面：一是内源融资与企业研发投入；二是外源融资与企业研发投入。

（1）内源融资与企业研发投入。企业的研发活动存在融资约束，企业研发投入对内部资金存在较高的依赖性（唐清泉和肖海莲，2012；卢馨等，2013；鞠晓生，2013；曹献飞，2014；Ughetto，2008；Guariglia 和 Liu，2014）。研发密集型企业表现出更低的债务水平、更低的股利派发水平以及更高的现金水平（Bah 和 Dumontier，2001）。对于不同类型的企业，企业研发投入对内部资金的依赖程度不同。曹献飞（2014）的研究表明内源融资约束会显著影响民营企业的研发投入水平，但并不影响国有企业以及外资企业的研发投入水平。顾群和翟淑萍（2014）的研究则表明，相较于开发式创新企业，探索式创新企业的研发投入更依赖内部资金。

（2）外源融资与企业研发投入。在企业内部资金有限的情况下，外源融资的增加对于促进企业研发投入有重要的作用。外源融资对开发式创新企业、国有企业以及外资企业研发投入的影响程度更大（顾群和翟淑萍，2014；曹献飞，2014）。外源融资包括股权融资和债权融资。卢馨等（2013）、刘春玉（2014）、Müller 和 Zimmermann（2009）的研究表明股权融资对高新技术企业的研发投资有重要的促进作用，尤其是对于规模小的科技型企业。而鞠晓生（2013）、Carpenter 和 Petersen（2002）则认为企业上市后，股权融资对企业研发投入的促进作用不再显著。Nam 等（2003）、Martinsson（2009）的研究表明债务水平较高的企业表现出更高的研发投入水平，即债权融资会促进企业研发投入。而 Chiao（2002）则认为债务只是实物投资的一种资源，并不是研发投资的一种资源。

四、文献评论

从上述文献综述可见，国内外学者对政府补助与企业研发投入、政府补助与企业融资、企业融资与企业研发投入这三个方面做了大量的研究，也得出许多有意义的结论。文献综述只是本研究的开始，通过整理已有文献，发现已有研究的不足之处并进行改进，才是本研究的目的。

政府补助、企业融资与企业研发投入这三者的关系是本书研究的主要内容。虽然学者对它们之间的关系做了较为深入的探讨，但是较少学者研究它们三者之间的关系，且这些研究未能更好地梳理它们之间的作用机理，也不够深入。在政府补助与企业融资方面的研究，学者更多关注政府补助的信号传递作用，并未直接通过实证分析研究政府补助与企业融资约束的关系。本研究系统分析政府补助、科技型企业融资与科技型企业研发投入这三者之间的关系，以丰富已有研究成果，推动相关理论研究和实证研究的发展。

第四节 研究内容与方法

一、研究内容

本书研究内容分为五个部分：①政府补助对科技型企业研发投入的促进作用；②融资约束在政府补助对科技型企业研发投入的促进作用中的中介机制；③信号传递在政府补助对科技型企业研发投入的促进作用中的深层机制；④不同金融发展程度下基于企业融资视角研究政府补助对科技型企业研发投入影响机制的差异；⑤不同创新环境下基于企业融资视角研究政府补助对科技型企业研发投入影响机制的差异。本书的逻辑框架如图1-8所示。

根据本书的研究内容，本书的章节安排如下：

第一章，绪论。首先，提出本书研究的问题，对研究问题的背景进行介绍。其次，阐明本书研究意义。再次，介绍政府补助与企业研发投入、政府补助与企业融资、企业融资与企业研发投入方面的已有研究成

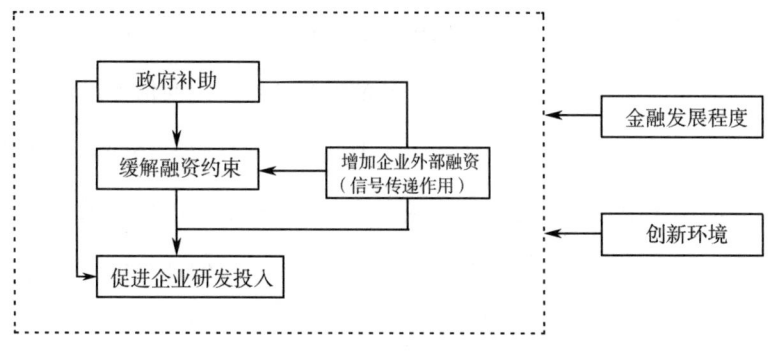

图 1-8　本书逻辑框架

果，对已有研究成果进行评述，引出本书的研究视角。最后，介绍本书的研究内容与研究方法。

第二章，概念界定与理论基础。本章分两部分，第一部分为概念界定，对本书研究所涉及的主要概念进行定义；第二部分为理论基础，阐述了市场失灵理论、融资约束理论和信号传递理论。

第三章，政府补助对企业研发投入的作用。在理论分析的基础上提出假设，运用创业板上市公司非平衡面板数据进行实证分析，研究科技型企业获得政府补助能否促进企业研发投入，以及科技型企业获得的政府补助越多，企业研发投入是否越多。

第四章，融资约束的中介机制。在研究政府补助对科技型企业研发投入作用的基础上，研究融资约束在政府补助促进科技型企业研发投入中的中介机制。首先，通过实证分析研究政府补助能否缓解科技型企业融资约束。其次，通过两阶段博弈模型，研究政府补助能否通过缓解科技型企业融资约束从而促进企业研发投入。最后，构建中介作用模型，通过实证分析，检验了融资约束在政府补助促进科技型企业研发投入中所发挥的中介机制作用。

第五章，信号传递的深层机制。政府补助能够通过缓解科技型企业融资约束促进企业研发投入，而向外部投资者传递正向信号是政府补助缓解企业融资约束的重要途径之一，因此本章研究政府补助能否通过发挥信号传递作用缓解科技型企业融资约束以及政府补助能否刺激外源融资对科技型企业研发投入的促进作用。首先，通过实证分析，研究政府补助能否发挥信号传递作用。其次，探讨政府补助能否通过发挥信号传递作用缓解科技型企业融资约束。最后，探讨政府补助能否刺激外源融资对科技型企业研发投入的促进作用。

第六章，不同金融发展程度下政府补助的作用机制差异。探讨不同金融发展程度下，政府补助对科技型企业研发投入的促进作用是否存在差异、融资约束的中介机制是否存在差异以及信号传递的深层机制是否存在差异。

第七章，不同创新环境下政府补助的作用机制差异。探讨不同创新环境下，政府补助对科技型企业研发投入的促进作用是否存在差异、融资约束的中介机制是否存在差异以及信号传递的深层机制是否存在差异。

第八章，研究结论。对本书的主要研究结果进行总结归纳，并根据研究结果提出相关政策启示，总结本书研究的主要创新点，最后指出本书研究的不足并提出研究展望。

本书的研究结构如图 1-9 所示。

二、研究方法

本书拟采用以下两类研究方法：

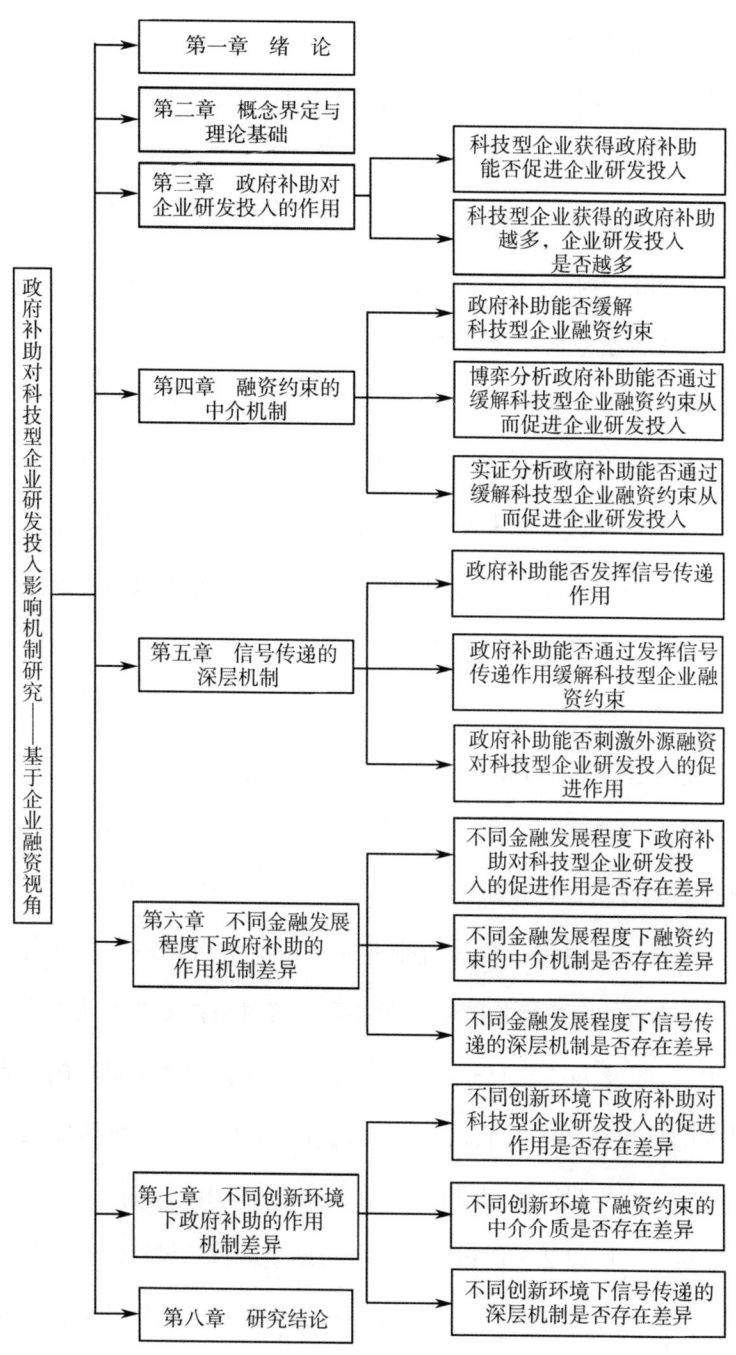

图1-9 研究结构

一是实证研究法。本书拟采用各种实证研究方法对本书研究内容进行研究。①普通最小二乘法（OLS）。本书拟采用此方法检验本书假设1（科技型企业获得政府补助，企业研发投入显著增加）。②处理效应模型（Treatment Effect Model）。本书拟采用此方法对本书假设1回归结果进行稳健性检验。③两阶段回归方法（2SLS）。本书拟采用此方法检验假设2（科技型企业获得政府补助越多，企业研发投入越多）、假设3（政府补助能够缓解科技型企业融资约束，即政府补助与科技型企业融资约束之间呈负相关关系）、假设4（融资约束在政府补助对科技型企业研发投入的促进作用中发挥中介机制作用，即政府补助通过缓解科技型企业融资约束从而促进企业研发投入）、假设5（政府补助能够发挥信号传递作用，即政府补助越多，科技型企业获得的外源融资越多）、假设5a（政府补助越多，科技型企业获得的债权融资越多）、假设5b（政府补助越多，科技型企业获得的股权融资越多）、假设6（信号传递在政府补助对科技型企业融资约束的缓解作用中发挥中介机制作用，即政府补助通过增加科技型企业外源融资从而缓解企业融资约束）、假设6a（政府补助通过增加科技型企业股权融资从而缓解企业融资约束）、假设7（政府补助的增加能够刺激外源融资对科技型企业研发投入的促进作用）、假设7a（政府补助的增加能够刺激债权融资对科技型企业研发投入的促进作用）和假设7b（政府补助的增加能够刺激股权融资对科技型企业研发投入的促进作用）。④自助法（Bootstrap）。本书拟采用此方法对本书假设2至假设7实证分析结果进行稳健性检验。⑤中介作用模型。本书拟采用此方法构建方程组，用以检验融资约束在政府补助促进科技型企业研发投入中所发挥的中介机制作用、信号传递在政府补助缓解科技型企业融资约束中所发挥的中介机制作用。

二是博弈分析法。本书拟构建两阶段博弈模型，分析融资约束能否在政府补助促进科技型企业研发投入中发挥中介机制作用，以作为融资约束发挥中介机制作用的实证研究基础。

第二章 概念界定与理论基础

第一节 概念界定

一、政府补助

广义上，政府补助是指政府直接或间接对企业或个人无偿进行经济利益转移。狭义上，政府补助是指政府无偿向企业提供的经济支持，包括转移货币性或非货币性资产，但并不包括政府采购、政府作为投资者投入的资本、无法计量的服务和行政支持等。会计理论采用狭义的概念。2017年5月10日，中华人民共和国财政部修订了《企业会计准则第16号——政府补助》(CAS16)，规定"政府补助是指政府无偿为企业提供资产，包括货币性资产和非货币性资产，但不包括政府作为企业所有者投入的资本"，本书采用此定义。

中国政府采取的政府补助形式主要有财政拨款、财政贴息、税收返还以及无偿划拨非货币性资产。其中，财政拨款指的是政府无偿把资金拨付给企业，政府通常明确规定该拨款资金的用途。财政贴息指的是政府对企业的银行贷款利息给予补贴，目的是根据宏观经济形势以及政府的政策目标支持特定行业或地区的发展。税收返还指的是政府向企业返还税款，包括先征后返（退）、即征即退等方式。而增值税、出口退税不属于政府补助范围。无偿划拨非货币性资产指的是政府无偿向企业划拨土地使用权、天然林等。

政府在一定时期内根据国家政策发展的目标，对特定的行业、地区、企业、产品进行补助，是政府进行宏观调控的重要杠杆，对国家经济的稳健发展起着重要的作用。

二、融资约束

Modigliani 和 Miller（1958）认为在完美的市场中，企业的总价值与它的资本结构无关，企业融资方式的选择只是改变了企业总价值在股权和债权筹资者之间分割的比例，也就是说企业的投资行为不受融资约束的影响，这就是著名的 MM 定理。MM 定理是基于一系列与现实不符的严格假设得出的，而现实中摩擦和信息不对称问题普遍存在。Myers 和 Majluf（1984）考虑交易成本的存在，认为企业融资遵循内源融资、债权融资、股权融资的顺序，提出优序融资理论。而融资约束的概念最早是由 Fazzari 等（1988）提出的。他们认为，由于市场不完善，企业的外源融资成本高于内源融资成本，这种内外源融资成本的差异导致企业的投资行为更依赖内部资金，企业的实际投资水平低于最优水平。企业内源融资与外源融资成本的差异就是融资约束的定义。严格来讲，所有企业都面临着融资约束，只是各个企业面临的融资约束程度不同。

三、外源融资

企业融资的方式有两种，它们是内源融资和外源融资。内源融资是指企业将自己的储蓄转化为投资的过程。内源融资是企业生存与发展不可或缺的部分，具有原始性、自主性、低成本和抗风险的特点，是企业首选的融资方式（Myers 和 Majluf，1984）。随着技术的进步以及生产规模的不断扩大，内源融资已难以满足企业日益增长的资金需求，外源融资已逐渐成为企业融资的重要方式。外源融资是指企业通过一定方式吸收其他经济主体的闲置资金，并使之转化为企业投资的过程。外源融资可分为债权融资和股权融资。债权融资是指企业通过向银行或非银行金融机构贷款或发行债券等方式获得融资。股权融资是指企业的股东愿意让出部分企业所有权，通过企业增资的方式引进新的股东的融资方式。

四、研发投入

许多组织及国家都对研究与试验发展（R&D）进行了定义。其中，经济合作与发展组织（OECD）以及联合国教科文组织的定义较受认可。OECD 将 R&D 定义为在一个系统的基础上，进行能够丰富有关人类、文化和社会的知识总量的创造性工作，并将这些知识运用于发明创造的活动。联合国教科文组织将 R&D 定义为，在科学研究发展领域中为增加知识总量以及运用这些知识去创造新的应用，而进行的具有系统性、创造性的活动。

中国科技部对 R&D 的定义与联合国教科文组织的定义类似。R&D 指在科学技术领域，为增加知识总量以及运用这些知识去创造新的应用而进行的系统的、创造性的活动，包括基础研究、应用研究、试验发展三类活动。基础研究是指不以应用开发为目的，而是为研究相关现象以及可观测事实的基本原理和新知识而进行的理论性或实验性研究，通常表现形式为学术论文或科学著作。应用研究是指在基础研究的基础上，为达到某一特定目标和获取新知识而进行的研究活动。应用研究主要是为确定基础研究成果可能的用途，或为达到预定目标而采取的新方法、新途径，通常表现形式为模型或发明专利。试验发展是指在基础研究以及应用研究的基础上，为产生新的产品，建立新的工艺，改进现有产品和工艺而进行的系统性工作，通常表现形式为产品原始模型或新装置原始样机等。

企业的研发活动主要包括以下四个方面：第一，新产品的开发；第二，新方法、新生产过程以及新工艺的研制；第三，新产品的中间试验；第四，改进后的新工艺以及新产品正式投产前的试生产。企业的研发投入指的就是企业进行以上研发活动时所产生的费用。

第二节 理论基础

一、市场失灵理论

（一）市场失灵

在完全竞争市场中，市场完全由"看不见的手"进行调节，政府只起到"守夜人"的作用，并不会对市场进行任何干预。完全竞争市场必须具备市场上有众多生产者和消费者、产品同质、生产者自由进出市场、市场交易自由、市场信息畅通、资源充分流动这六个条件。这些必备条件过于苛刻，现实中垄断、公共产品、外部性、信息不对称等问题依然存在，完全竞争市场的假设无法满足。仅靠价格机制等市场手段对资源进行配置存在一定局限性，无法实现资源的最优配置，从而出现市场失灵现象。

市场失灵是指尽管充分发挥了市场机制的调节作用，但是经济资源仍不能达到有效配置的一系列状况，其典型表征就是经济活动对于社会整体的边际效应与对于私人部门的边际效应不相等。市场失灵主要表现为以下五个方面：①靠市场自身的调节无法消除垄断或不完全竞争；②市场活动可能导致外部负效应问题；③市场公共产品供给不足；④由于信息不对称性导致的经济活动的不确定性；⑤市场不能公平地进行收入分配。产生市场失灵的基本原因为：市场势力、不完全信息、外部性、公共产品和价格黏性。

市场失灵理论认为，市场是资源配置的主要手段，通常情况下，依靠市场机制能够实现社会经济资源的合理配置。然而由于市场调节的固有缺陷以及市场机制的不健全等原因，会产生垄断、外部性、公共性以及信息不对称等问题，从而导致资源配置不恰当或效率低下，此时需要借助政府的力量进行干预。

（二）企业研发活动存在市场失灵

市场失灵伴随着企业研发活动而产生。企业研发活动存在市场失灵的主要原因为研发活动具有正外部性、公共性、不确定性这三个特征（Nelson，1959；Arrow，1962）。

1. 研发活动的正外部性

外部性的概念最初由马歇尔和庇古提出，是指一个经济主体在自己的活动中对其他经济主体的福利产生了影响，这种影响可能是正向的，也可能是负向的，且都不是经济主体自身所获得或承担的，是一种"非市场性"的影响。外部性包括正外部性和负外部性。正外部性是指一个经济主体的活动有益于其他经济主体；负外部性是指一个经济主体的活动损害了其他经济主体。

企业的研发活动具有正外部性，主要由以下三个原因产生：第一，企业在为研发成果申请专利保护的过程中，需要对外泄露一定的专利信息如专利说明书等，其他企业可以通过相关渠道获取专利信息，这有利于其他企业的研发活动和生产活动，但也导致大量"赝品"出现于市场。且专利的保护时间是有限制的，保护期过后，其他企业可以无偿取得专利。第二，企业在进行研发活动时，需要联系上游供应商提供原材料、设备等，研发新产品成功后也需要联系下游客户进入市场。竞争者通过这些上下游企业便可获取与研发活动以及新产品相关的信息。第三，企业进行研发活动，需要大量技术人员的支持。这些技术人员掌握了企业的相关知识，他们在企业之间的流动使相关知识也在企业之间流动。由于企业的研发活动具有正外部性，研发企业无法独自享受研发成果带来的所有收益，研发活动带来的社会收益大于私人收益，这在一定程度上会削弱企业的研发积极性，导致企业之间的研发竞争成为一种"等待博弈"。

2. 研发活动的公共性

公共产品是指具有非竞争性和非排他性的产品。非竞争性指的是一部分人对某一产品的消费不会影响其他人对该产品的消费，一部分人从某一产品中受益不会影响其他人从该产品中受益，且消费人数的增加并不会引起边际成本的增加。非排他性指的是一个人在消费某一产品时无法排除他人也同时消费该产品，即产品在消费过程中产生的利益不能为某个人或某些人所专有。

研发活动创造出来的产品的外在表现形式主要为概念模型、科技论文、著作、技术专利、试产品等，本质上是一种知识产品。知识产品具有公共产品的特征。取得研发成果的企业不能阻止其他企业对该研发成果带来的新技术的使用，为此使用新技术的其他企业获得了利润，而研发企业无法获得全部的利润。研发企业研发的高成本与其他企业使用新技术的低成本甚至零成本的现象有悖于市场的公平竞争原则。这会很大程度上打击从事研发活动的企业的积极性，减少企业研发投入，从而降低社会的创新水平。

3. 研发活动的不确定性

不确定性指经济行为者事先不能准确地知道自己某种决策的结果，也就是说经济行为者的一种决策的可能结果不止一种。企业的研发活动具有不确定性。Mansfield 等（1977）对美国的三家创新领先的大企业进行调查，结果表明这些企业的研发项目中有60%获得了技术上的成功，有30%获得了商业上的成功，仅有12%能够给创新企业带来利润。

企业研发过程中，研发人员无法确定企业现有的研发水平是否能够满足研究开发的需求，企业的研发活动能否顺利进展，研发活动是否能够成功。当企业研发取得成功后，企业会进入研发成果工业化阶段。在这一阶段，企业无法确定上一阶段的研发成果能否实现工业化，能否进行规模化生产。在研发产品市场化阶段，企业的研发产品通过流水线生产并在市场上销售，但企业无法确定新产品能否获得消费者的青睐、能否拥有一定的市场份额、能否获得足够的利润。同时，资金投入的不确定性和市场竞争带来的不确定性贯穿于企业研发活动的整个过程。企业进行研发活动的过程中，需要持续地投入大量的资金以使研发活动能够持续进行。企业把大部分资金用以维持企业的日常经营生产活动，能够用以研发的资金有限，因此需要在市场上筹措资金。企业能否从市场资金供给者中获得资金支持，具有不确定性。企业在研发的过程中面临着激烈的市场竞争，企业需要和竞争对手在资源和时间上进行赛跑，企业无法确保能够在市场竞争中脱颖而出，再加上研发活动具有的外部性和公共性，市场竞争带来的不确定性更高。

（三）技术锁定加剧市场失灵

技术锁定是指某一种技术产品的市场份额大到一定程度时，该种产品成为了事实上的标准产品，它更易与其他产品配合使用，从而将消费者"锁定"在该产品上。技术锁定有四种形式：硬件锁定、软件锁定、信息格式锁定以及供应链锁定。

硬件锁定是指消费者在购买了使用寿命较长且价格较高的设备后，仍需购买其价格也较高的互补产品。软件锁定是指消费者一直使用某种软件，对该软件产生依赖，短期内难以摆脱。信息格式锁定是指如移动通信设备等信息产品的内部系统排列有其特殊和固定的方式，如果这种方式被转移到新的系统，可能会造成信息丢失、格式兼容失败等问题。供应链锁定是指供应商和客户之间有着较为有效的沟通方式和比较稳定的联系，难以打破他们之间的合作关系。

技术锁定一旦形成，与之竞争的其他产品便会处于劣势，难以获取市场份额。技术创新是研究开发新技术或将技术进行应用创新的活动，而技术锁定会阻碍非标准技术产品（如新技术产品）的市场化，增加新技术产品进入市场的难度，提高新技术产品收益的不确定性，从而加剧研发活动的市场失灵。

（四）政府干预

企业研发活动存在市场失灵是企业研发投入不足的主要原因之一。对于市场失灵问题，政府干预理论认为，市场无法实现资源的最优配置，政府不仅要起到"守夜人"的作用，还要用"看得见的手"适当干预市场，弥补市场失灵。

在研发活动的正外部性方面，政府对企业研发活动进行补助，能够弥补企业研发活动的损失。在研发活动的公共性方面，政府通过补助的方式，可以在一定程度上降低企业在研发过程中付出的成本，激励企业开展研发活动。在研发活动的不确定性方面，政府补助能够为研发企业分担部分风险，提高企业研发热情。此外，技术锁定也可能加剧企业研发活动的市场失灵。在这种情况下，政府对企业研发活动进行补助，是对新技术的支持，能为新技术开拓市场，能够促进企业的研发热情。

二、融资约束理论

（一）融资约束

Modigliani 和 Miller（1958）认为在完美的资本市场中，企业使用外部资金和使用内部资金的成本是相同的，因此企业在进行投资决策时可以不考虑资金成本，只考虑资金需求。这就是 MM 理论，它是现代融资理论的开端。但是现实的资本市场并不符合 MM 理论的严格假设，企业的外部融资成本和内部融资成本存在差异，并不能相互替代。Myers 和 Majluf（1984）提出了优序融资理论，他们认为企业的融资顺序存在一个优序策略，首先为内部融资，即企业的留存收益；其次为债权融资；最后为股权融资。Fazzari 等（1988）在研究企业内部现金流对投资水平的敏感性时首次提出了融资约束问题。他们认为，由于资本市场的不完善，企业的外源融资成本高于内源融资成本，导致了企业倾向于使用内部资金进行投资活动。融资约束产生的原因主要为信息不对称和委托代理问题。

（二）企业研发活动存在融资约束

1. 企业研发活动存在信息不对称问题

20 世纪 70 年代，Akerlof、Spence 和 Stigjiz 奠定了信息不对称理论的基础。Akerlof（1970）分析了存在信息不对称现象的二手车市场的运作，认为信息不对称会产生逆向选择问题，影响市场的有效运作，使次品车充斥二手车市场或二手车市场萎缩。Spence（1973）以劳动力市场上存在的信息不对称问题为例，分析掌握较多信息的一方如何将信息传递给掌握信息较少的另一方的信号传递机制，从而有效地解决信息不对称带来的逆向选择问题。Rothschild 和 Stiglitz（1976）分析了保险市场中拥有信息较少的一方如何通过信息甄别的方式获取拥有信息较多的另一方的信息以解决信息不对称问题。

信息不对称理论是指在市场经济活动中，各类人员对信息的掌握量有所差异，掌握较多信息的一方往往处于较为有利的位置，而掌握较少信息的一方则处于较为不利的位置。信息不对称会产生逆向选择问题。

企业为投资项目进行外部融资时，企业自身对项目的情况较为清楚，而外部投资者对项目的信息掌握较少，无法区分项目的优劣，就会选择按照市场的平均价格来判断好坏，会导致价值较高的项目被低估，价值较低的项目被高估，甚至外部投资者会认为选择价格较低的项目风险更小，从而出现逆向选择或柠檬效应。这种情况在企业的债权融资和股权融资上均有体现。在债权融资市场中，企业和贷款者之间存在信息不对称，企业对自身的信息有充分的了解，而贷款者却知之甚少，贷款者往往会要求提高风险溢价来降低自己借出资金的风险。在股权融资市场中，企业的内部管理者和外部投资者之间也存在信息不对称，内部管理者拥有更多信息，而外部投资者拥有较少信息，外部投资者为降低自身投资风险会要求更高的股息或者更低的股价。

对于科技型企业，研发活动产生的信息不对称问题更为严重，导致的逆向选择问题也更为突出。一方面，企业的内部管理者出于个人原因，不愿将有关企业研发项目的信息透露给外部投资者，以免外部投资者"搭便车"。另一方面，科技型企业的核心竞争力来自他们的科研技术和创新能力，如果内部管理者把研发项目的信息透露给外部投资者，可能会导致其他企业争相效仿，甚至抢先研制，这对企业来说是致命打击。由于科技型企业对其研发的重要信息保密，外部投资者为降低风险要求很高的溢价，或者为避免风险不愿向科技型企业提供研发资金，而企业的内部资金往往难以满足企业的研发投入需求，企业会面临更严峻的融资约束问题。甚至企业不得不因资金不足而放弃或延期可能具有较大收益的研发项目，使企业的实际研发投入水平低于最优水平，产生投资不足问题。

2. 企业研发活动存在委托代理问题

Berle 和 Means（1967）洞悉了企业所有者兼具经营者的做法存在的弊端，倡导企业的所有权和经营权分离，企业所有者保留剩余索取权，将经营权让渡给企业经营者，这是委托代理理论的起源，是现代公司治理的逻辑起点。直到 20 世纪 60 年代末至 70 年代初，委托代理理论才真正发展起来。根据 Jensen 和 Meckling（1976）的定义，委托代理关系是一种契约，企业所有者委托专业管理人为其管理企业，并对专业管理人支付相应的报酬。但是，委托人（即企业所有者）和代理人（即专业管理人）都是理性的经济人，他们所追求的目标不同，会产生利益冲突，这种利益冲突导致的损失便是代理成本，委托代理理论诞生。

委托代理问题分为两大类：一类是股东与企业管理者之间的委托代理问题；另一类是股东与债权人之间的委托代理问题，它们都会产生代理成本。

股东和企业管理者的利益并非是一致的。企业管理者为实现自身利益最大化，会选择浪费公司资源去购买奢侈物品以满足私人利益，他们并不追求企业的长远发展，只想在自己在位的期间实现短期企业利益，避免"前人栽树，后人乘凉"，这些企业管理者的行为损害了股东的利益。股东会预计企业管理者的行为可能偏离企业利益最大化，相应地会制定严格的契约关系和监督机制以减少企业管理者行为对股东的损害，股权的代理成本随之产生。

股东和债权人的利益并非是一致的。股东对企业的债务只是承担有限责任，因此股东倾向于将通过债权融资获得的资金投资于风险较高的项目，以期获得更高的报酬。一旦高风险项目投资失败，债权人将会损失所有借贷资金,而股东只承担有限责任。负债水平越高的企业,股东投资高风险项目的动机越强。在放贷之前,债权人会预估股东的高风险行为,相应地会提高风险溢价,并加强对股东行为的监督,负债的代理成本随之产生。

股东与企业管理者之间的委托代理问题以及股东与企业债权人之间的委托代理问题均会产生代理成本,从而提高企业外部融资成本,使企业面临更严峻的融资约束问题。

对于科技型企业,研发活动产生的委托代理问题较为突出。一方面,企业研发活动周期较长,需要持续进行研发投入,且具有不确定性,而企业管理者只在意在位期间企业的效益,不倾向于进行研发活动。而股东更看重企业的长远发展,希望能够通过开展研发活动,获得更多未来收益。因此,股东会相应地制定严格的契约关系和监督机制,保障自身权益,企业研发活动的股权代理成本随之产生。另一方面,企业研发活动具有高风险性,股东倾向于将通过债权融资获得的资金投资于研发项目。一旦研发项目不成功,股东的损失有限,但债权人则损失较大。因此,债权人相应地会提高企业研发融资的风险溢价,并加强对股东行为的监督,企业研发活动的负债代理成本随之产生。

三、信号传递理论

企业研发活动存在融资约束也是企业研发投入不足的主要原因之一。对于融资约束问题,信息不对称和委托代理问题是其产生的主要原因,而委托代理理论是建立在非对称信息博弈的基础上的。因此,减少企业和外部投资者之间的信息不对称,对于缓解企业融资约束具有较大的作用。

传递信号能够减少不对称信息。早期的信号传递理论主要用于研究企业支付股利信息的市场反应，Bhattacharya（1979）构建了 Bhattacharya 股利信号模型，认为在不完美情况下，企业支付的现金股利是未来企业盈利的事前信号。随后财务学家将信号传递理论应用到各种财务行为中。信号传递理论认为，企业管理者拥有较为充分的信息，他们通过某些行为向拥有较少信息的外部投资者传递有效信号，帮助外部投资者判断企业目前的经营状况以及未来的发展前景，从而避免逆向选择等问题的产生。企业和外部投资者之间的不对称信息的减少，有利于降低企业外部融资成本，缓解企业融资约束。

企业、外部投资者以及政府之间存在信号传递现象。企业可通过向外部投资者透露企业的经营状况、盈利状况以及对未来的预期，减少不对称信息，增加外部投资者提供资金的可能性。同时，企业也可以通过向政府传递信息而获得政府补助用以投资项目。但是，当企业为研发项目融资时，研发项目的信息是企业的机密，企业并不会轻易泄露给外部投资者。外部投资者获得了企业的经营状况信息而不能取得企业研发项目的重要信息，由于研发活动具有较高的风险，他们对于资金的供给仍然持谨慎的态度。若此时企业因研发项目获得了政府补助，外部投资者在得到企业获得政府补助这一信号后，会认为该项目是受到政府支持和看好的，具有一定的投资价值和发展空间，可能会增加外部投资者为研发企业提供资金的可能性。可见，政府能够通过对科技型企业研发活动提供补助，向市场投资者传递正向信号，从而增加企业外源融资，缓解企业融资约束，促进企业研发投入。

第三节　本章小结

本章对本书所涉及的主要概念进行定义，对相关理论基础进行阐述。概念界定方面，本章介绍了政府补助、融资约束、外源融资以及研发投入的概念。理论基础方面，本章阐述了市场失灵理论、融资约束理论和信号传递理论。其中，市场失灵和融资约束是企业研发投入不足的主要原因，政府补助能够通过适当干预纠正市场失灵以及通过信号传递增加企业外源融资缓解企业融资约束，促进企业研发投入。

第三章 政府补助对企业研发投入的作用

中国企业普遍存在融资约束问题,融资约束制约了企业的研发投资。企业的研发活动具有正外部性、公共性和不确定性三个特点,导致企业研发活动存在市场失灵,企业研发投入低于最优水平。融资约束和市场失灵均导致中国尚未陷入研发投资的"加速化陷阱",科技型企业研发投入仍然不足(刘胜强等,2015)。

每年中国政府对科技型企业提供大量的补助,希望能够促进企业研发投入,推动经济转型升级。大量研究表明政府补助对企业研发投入有显著的促进作用(González 和 Pazó,2008;Nola 和 Stephen,2010;Berlinger 等,2017)。尽管也有研究表明政府补助并不能促进企业研发投入。基于科技型企业融资约束问题突出,且科技型企业大多为民营企业,难以通过寻租行为获得政府补助,科技型企业的研发投入未达到最优水平等现状,本书认为政府补助能够促进科技型企业研发投入(顾群和翟淑萍,2014;刘胜强等,2015)。

本章将探讨政府补助对科技型企业研发投入的作用,一是探讨科技型企业获得政府补助,企业研发投入是否会显著增加;二是探讨科技型企业获得的政府补助越多,企业研发投入是否会越多。本章逻辑框架如

图 3-1 所示，研究结构如图 3-2 所示。

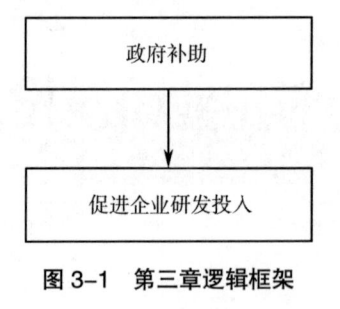

图 3-1　第三章逻辑框架

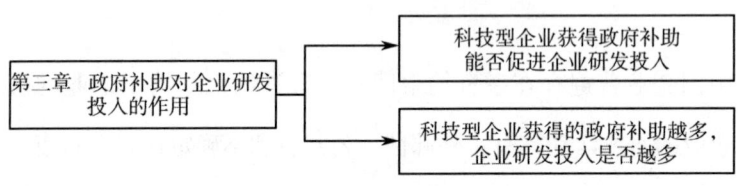

图 3-2　第三章研究结构

第一节　政府补助与企业研发投入关系假设

大量研究表明，政府补助对企业研发投入有促进作用（González 和 Pazó，2008；Nola 和 Stephen，2010；Berlinger 等，2017）。还有部分研究表明，政府补助对企业研发投入有抑制作用、政府补助与企业研发投入呈倒"U"形关系、政府补助与企业研发投入之间不存在关系（吕久琴和郁丹丹，2011；戴小勇和成力为，2014；Wallsten，2000；Lee 和 Cin，2010；Dimos 和 Pugh，2016）。可见，对于政府补助与企业研发投入关系的研究，运用不同的数据样本、不同的变量定义、不同的实证方法，得出的结果不尽相同（Zúñiga-Vicente 等，2014）。本章研究政府补助对科技型企业研发投入的作用。

政府补助主要从两个方面促进企业研发投入：①政府补助能够分担企业研发风险，激发企业研发热情。研发活动具有正外部性，企业难以获得研发活动带来的所有收益，企业开展研发活动的热情也大打折扣。政府补助能够弥补企业这种收益上的损失，激发企业研发热情，增加企业研发投入。②政府补助能够缓解企业融资约束。融资约束是影响企业研发活动的重要因素。Myers 和 Majluf（1984）认为，企业外部投资者与内部人之间存在信息不对称时，外部投资者可能会要求企业在进行外部融资时支付溢价，从而导致外部融资成本增加，产生融资约束。政府补助能够缓解企业融资约束。首先，获得政府补助后，企业有更多资金进行研发活动，企业需要为研发活动进行外源融资的金额减少。其次，政府补助能向市场传递正向信号，减少外部投资者与内部人员之间的信息不对称，帮助企业获得更多外源融资或降低融资成本（高艳慧等，2012；傅利平和李小静，2014；Takalo 和 Tanayama，2008；Wu，2017；Lim 等，2018）。

而以下四个问题则会影响政府补助对企业研发投入的促进作用：①政府和企业之间的信息不对称问题。政府并不能完全准确掌握成千上万家申请补助的企业的信息，因此接受政府补助的企业中难免有骗取补助者，对于这类企业，政府补助并不能起到促进企业研发投入的作用。②监管不足问题。政府对企业进行补助后，虽然有一定的监管措施，但是监管仍然不足，企业没有按照用途使用政府补助资金的情况时有发生，使政府补助并未用于促进企业研发投入上。③寻租问题。与政府关系较好的企业往往更易获得政府补助，企业通过良好的政企关系获得补助后，并未有效将政府补助用于研发活动上，而是更积极地继续通过寻租行为获得更多政府补助，使政府资源严重错配（潘越等，2009；余明桂等，2010）。④补助过多问题。政府补助一开始能够促进企业研发投入,当企业投入较多资金进行研发活动并取得一定进展后,不管是否获得补助,企业仍会继续进行研发活动,此时过多的政府补助可能会挤出企业原计划用于研发活动的投入。

对于科技型企业,本书认为政府补助对企业研发投入有促进作用。首先,科技型企业的融资约束问题非常突出(顾群和翟淑萍,2014)。研究新技术、开发新产品是科技型企业能够可持续发展的重要保障,科技型企业会投入大量资金进行研发活动。面对激烈的市场竞争,科技型企业对研发项目的情况及进展信息的披露尤为慎重,在为研发项目进行外源融资时,信息不对称问题更为严重。政府补助能够通过缓解科技型企业融资约束,促进企业研发投入。一方面,政府对科技型企业提供的补助主要为与研发活动相关的补助,而且科技型企业的主要活动为研发活动,因此政府补助能够直接增加科技型企业的研发投入,减少企业需要为研发活动筹集的资金。另一方面,政府补助能够向外部投资者传递正向信号,增加企业获得的外源融资。

其次,政府补助能够弥补由于研发活动正外部性产生的企业收益损失,激发科技型企业创新热情。

再次,科技型企业大多为民营企业,并不像国有企业那样有较为密切的政企关系,不易通过寻租行为获得政府补助,更不会用补助资金进行寻租活动。

最后,中国尚未陷入研发投资的"加速化陷阱",科技型企业研发投入仍然不足,政府的补助力度也有待加强,还未出现补助过多的问题,政府补助的增加对科技型企业研发投入仍具有促进作用(刘胜强等,2015)。因此,提出假设:

假设 1：科技型企业获得政府补助，企业研发投入显著增加。

假设 2：科技型企业获得政府补助越多，企业研发投入越多。

第二节 研究设计

一、研究数据

本章的研究对象为科技型企业。科技型企业是指产品的技术含量比较高，具有核心竞争力，能不断推出适销对路的新产品，不断开拓市场的企业。深圳创业板上市公司大多经营高科技业务，积极进行科技创新，具有较高的成长性，属于科技型企业。这些企业进行的创新活动风险较大，企业规模也不如中小企业板及主板上市公司，大部分为民营企业，面临较大的融资约束问题。本章选择深圳创业板上市公司作为研究样本。

考虑到深圳创业板于 2009 年 10 月 30 日正式上市，本章的数据考察期为 2009~2017 年。此外，为了更好地分析政府补助对科技型企业研发投入的影响，本章对样本数据进行如下筛选：①剔除金融类上市公司；②剔除连续两年亏损的上市公司；③剔除在窗口期未披露研发费用的上市公司；④剔除存在较多缺失值的公司年度观测样本。其中，剔除连续两年亏损的上市公司的原因为：创业板股票连续三年亏损会直接触发退市，连续两年亏损的上市公司面临退市风险，为确保数据的可靠性和稳定性，需将数据存在异常值的公司剔除。剔除在窗口期未披露研发费用的上市公司和存在较多缺失值的公司年度观测样本是为了保证研究样本数据的完整性。最终，本章样本容量为 656 家上市公司，共 4425 个有效观测样本，为非平衡面板数据。样本数据均来源于 Wind 数据库和上市公司年度报告。

二、变量及描述性统计

本章研究所涉及到的变量的名称及定义如表 3-1 所示。检验假设 1 时，研发投入为被解释变量，政府是否补助为解释变量。检验假设 2 时，研发投入为被解释变量，政府补助为解释变量。考虑到各上市公司本身的固有差异和企业发展的不同阶段特点等其他因素的影响，同样的政府补助行为可能对企业研发投入的效应存在较大差异，因此还需要在实证研究的模型构建中加入必要的控制变量方能更好地得出稳健性结论。已有研究表明企业的成长性、担保能力、财务杠杆、产品市场竞争以及企业规模会对企业的研发投入产生重要影响，因此本章将它们作为控制变量。

表 3-1 变量一览表

变量	变量名称	变量定义
$R\&D$	研发投入	企业研发投入的自然对数
$DSubsidy$	政府是否补助	虚拟变量，企业获得补助，取值为 1，否则，取值为 0
$Subsidy$	政府补助	政府补助的自然对数
$Growth$	成长性	营业总收入同比增长率
$Collateral$	担保能力	固定资产占总资产百分比
$Leverage$	财务杠杆	资产负债率
$Competition$	产品市场竞争	销售费用占营业总收入百分比
$Size$	企业规模	总资产的自然对数

对于企业研发投入水平的度量，已有文献中主要有两种方法：一是采用研发投入的自然对数；二是采用研发投入占营业总收入或总资产的百分比。本章回归模型采用企业研发投入的自然对数度量企业研发投入水平，并在本章稳健性检验时采用研发投入占营业总收入的百分比度量企业研发投入水平。

本章回归模型采用企业研发投入的自然对数度量企业研发投入，主要有以下三个理由：①表3-2为2009~2017年不同营业总收入规模下企业研发投入情况统计。从表中可明显发现，不同营业总收入规模下，采用不同度量方法，企业研发投入情况存在较大差异。当企业营业总收入规模较大时，研发投入（研发投入的自然对数）较大，研发投入（研发投入占营业总收入百分比）较小；当企业营业总收入规模较小时，研发投入（研发投入的自然对数）较小，研发投入（研发投入占营业总收入百分比）较大。即营业总收入作为分母，对企业研发投入（研发投入占营业总收入百分比）的大小起到决定性的作用。②从表3-2中还可发现，营业总收入规模较大企业研发投入金额占当年样本研发投入总金额百分比超50%，且从2015年开始超60%；营业总收入规模较小企业研发投入金额占当年样本研发投入总金额百分比基本上小于20%，且在2016年和2017年达到最低值13%。即在有效观测样本中，营业总收入规模较小且研发投入（研发投入占营业总收入百分比）较大的企业对样本总研发投入金额的贡献很小。③规模较大企业的研发更多是为了维护其行业地位，当其研发能力不足的时候，会并购一些拥有技术的企业或从市场上购买一些专利技术来遏制潜在的挑战，这些企业的研发其实缺乏随机性和偶然性。规模较小企业的研发更多是为了改变自己的行业地

表 3-2 2009~2017 年企业研发投入情况统计

年份	研发投入（研发投入的自然对数）均值			研发投入（研发投入占营业总收入百分比）均值（%）			研发投入金额占当年年样本百分比（%）			样本量		
	大	中	小	大	中	小	大	中	小	大	中	小
2009	16.518	16.103	15.756	4.318	5.520	7.693	49.364	29.770	20.866	97	96	96
2010	16.900	16.353	16.004	4.391	5.866	7.358	52.405	28.973	18.621	108	108	107
2011	17.203	16.633	16.336	4.784	6.055	8.937	50.671	28.406	20.924	118	118	118
2012	17.415	16.686	16.470	5.505	6.229	9.741	54.911	24.569	20.520	150	150	150
2013	17.537	16.911	16.515	5.069	7.795	9.369	53.125	29.413	17.462	183	183	182
2014	17.680	17.004	16.580	5.170	7.079	9.554	57.036	26.658	16.386	203	203	202
2015	17.956	17.196	16.713	5.541	6.879	9.525	60.761	24.346	14.894	201	201	201
2016	18.219	17.478	16.794	5.368	7.483	8.866	62.135	25.219	12.645	205	205	204
2017	18.395	17.679	16.996	4.885	7.426	8.922	59.640	27.330	13.030	212	212	204

数据来源：创业板上市公司年度报表。

位，或者是在技术上有所突破，但是这些企业所投入的资源无法与规模较大企业相比，因此这些企业的研发依赖的不是强大的财力支持，而更多的是研发的战略以及研究中的随机发现。整体来说，规模较小企业的研发投入具有随机性，而规模较大企业的研发投入更具有稳定性，因此采用更能体现规模较大企业研发投入水平的度量方法更具意义。而研发投入的自然对数更能体现规模较大企业的研发投入水平。

政府是否补助为虚拟变量，企业获得政府补助，取值为1，否则，取值为0。选用政府是否补助作为解释变量，能够研究政府对企业的补助行为对企业研发投入水平的影响。政府补助为政府补助的自然对数。选用政府补助作为解释变量，能够研究政府补助金额的大小对企业研发投入水平的影响。

成长性为企业营业总收入同比增长率，衡量企业的成长能力，增长率越高，企业的成长性越高。担保能力为固定资产占总资产的百分比，衡量企业的担保能力，百分比越高，企业担保能力越强。财务杠杆为企业的资产负债率，反映在企业总资产中有多大比例是通过借债来筹资，衡量企业的负债水平。产品市场竞争为销售费用占营业总收入的百分比，衡量企业面临的产品市场竞争程度，百分比越高，表明企业需要投入更多销售费用，产品市场竞争越激烈。企业规模为总资产的自然对数，企业总资产越多，企业规模越大。

各变量的描述性统计如表3-3所示。

表 3-3 变量描述性统计

变量	均值	标准差	最小值	最大值	样本量
R&D	17.082	0.923	11.852	21.344	4425
DSubsidy	0.941	0.236	0	1	4425
Subsidy	14.365	3.830	0	19.914	4425
Growth	28.443	48.801	−84.023	1690.82	4425
Collateral	15.683	12.013	0.134	73.455	4425
Leverage	30.087	16.998	1.103	103.724	4425
Competition	8.953	8.698	0.000	72.959	4425
Size	20.107	1.017	17.172	24.807	4425

三、相关性分析及多重共线性检验

考虑到各变量之间可能存在多重共线性问题，在进行回归分析前，本章对模型中的各变量进行相关性分析。各变量的 Pearson 相关系数如表 3-4 所示，各变量的 Spearman 相关系数如表 3-5 所示。虽然大部分自变量的相关系数显著，但相关系数绝对值较低，均低于 0.3。

经回归共线性诊断计算得出自变量矩阵的条件指数为 11.98（DSubsidy 为解释变量）和 11.59（Subsidy 为解释变量），均小于 30[①]，表明本章回归模型所涉及的自变量之间不存在多重共线性问题。

四、模型设定

为检验科技型企业获得政府补助，企业研发投入是否会显著增加，即假设 1，建立如下回归模型：

---

① Belsley 等（1980）认为，当自变量矩阵的条件指数小于 30 时，回归模型不存在多重共线性问题。

表 3—4 各变量的 Pearson 相关系数

变量	R&D	DSubsidy	Subsidy	Growth	Collateral	Leverage	Competition	Size
R&D	1							
DSubsidy	-0.131***	1						
Subsidy	0.021	0.941***	1					
Growth	0.105***	-0.023	-0.016	1				
Collateral	-0.148***	0.021	-0.001	-0.063***	1			
Leverage	0.097***	-0.033***	-0.035***	0.144***	0.146***	1		
Competition	0.117***	0.002	0.041***	-0.060***	-0.072***	-0.216***	1	
Size	0.705***	-0.296***	-0.210***	0.176***	-0.003	0.295***	-0.077***	1

注：***、**、*，分别表示在1%、5%、10%水平上显著。

表 3—5 各变量的 Spearman 相关系数

变量	R&D	DSubsidy	Subsidy	Growth	Collateral	Leverage	Competition	Size
R&D	1							
DSubsidy	-0.136***	1						
Subsidy	0.374***	0.409***	1					
Growth	0.112***	0.008	0.049***	1				
Collateral	-0.144***	0.025	-0.063***	-0.082***	1			
Leverage	0.084***	-0.035***	-0.017	0.165***	0.146***	1		
Competition	0.092***	-0.002	0.130***	-0.052***	-0.128***	-0.222***	1	
Size	0.709***	-0.277***	0.115***	0.147***	0.029*	0.273***	-0.140***	1

注：***、**、*，分别表示在1%、5%、10%水平上显著。

$$R\&D_{it} = \alpha_0 + \alpha_1 DSubsidy_{it} + \alpha_2 CV_{it} + d_t + d_i + d_r + \lambda_i + \varepsilon_{it} \quad (3\text{--}1)$$

其中，α_0 为常数项，α_1、α_2 为变量的相关系数，d_t、d_i、d_r 分别为对时间、行业、地区的控制，λ_i 为个体效应，ε_{it} 为误差项，CV_{it} 为控制变量，包括成长性（Growth）、担保能力（Collateral）、财务杠杆（Leverage）、产品市场竞争（Competition）以及企业规模（Size）。

为检验科技型企业获得政府补助越多，企业研发投入是否越多，即假设 2，建立如下回归模型：

$$R\&D_{it} = \alpha_0 + \alpha_1 Subsidy_{it} + \alpha_2 CV_{it} + d_t + d_i + d_r + \lambda_i + \varepsilon_{it} \quad (3\text{--}2)$$

其中，α_0 为常数项，α_1、α_2 为变量的相关系数，d_t、d_i、d_r 分别为对时间、行业、地区的控制，λ_i 为个体效应，ε_{it} 为误差项，CV_{it} 为控制变量，包括成长性（Growth）、担保能力（Collateral）、财务杠杆（Leverage）、产品市场竞争（Competition）以及企业规模（Size）。

政府补助的规模除了受到企业财务状况的影响外，还受到企业创新能力的影响。其中，担保能力（Collateral）、财务杠杆（Leverage）等都能够反映企业的财务状况；企业研发投入（R&D）是企业创新能力的代理变量之一，因此式（3-2）存在内生性问题。为解决内生性问题，选择平均政府补助（AverageSubsidy）为工具变量，运用两阶段回归方法（2SLS）对式（3-2）进行回归。平均政府补助（AverageSubsidy）是同一行业、同一城市企业获得的平均政府补助的自然对数。平均政府补助（AverageSubsidy）与政府补助（Subsidy）相关，且外生于企业的财务状况和创新能力，是合适的工具变量。

以企业为样本的非平衡面板数据，异方差问题难以避免。为保障模型参数估计量的有效性、统计检验的有效性，对模型进行异方差性检验，如果存在异方差性，采用异方差稳健推断方法，求得稳健性标准误，在此基础上构建稳健性 t 统计量，从而进行稳健性 t 检验。

第三节 实证结果

政府补助对科技型企业研发投入的作用回归结果如表 3-6 所示。分别对模型进行异方差性检验，拒绝模型不存在异方差性假设，因此本章采用异方差稳健推断方法构建稳健性 t 统计量。式（3-1）回归结果显示，政府是否补助（$DSubsidy$）的系数为正，且在 1% 水平下显著，表明科技型企业获得政府补助，企业研发投入显著增加，不拒绝假设 1。

表 3-6 政府补助对科技型企业研发投入回归结果

变量	式（3-1）	式（3-2）
$DSubsidy$	0.3464*** （8.48）	
$Subsidy$		0.0172*** （4.19）
$Growth$	−0.0007** （−1.99）	0.0008*** （4.00）
$Collateral$	0.0013 （1.12）	−0.0084*** （−8.41）
$Leverage$	−0.0031*** （−3.55）	0.0060*** （7.53）
$Competition$	0.0152*** （4.02）	−0.0019 （−0.83）
$Size$	0.6984*** （44.07）	0.5430*** （21.09）
控制时间	YES	YES
控制行业	YES	YES
控制地区	YES	YES

续表

变量	式（3-1）	式（3-2）
R^2	0.6832	0.6868
F	0.0000	0.0000
Obs.	4425	4417

注：括号中数字为 t 检验值，*** 表示 p<0.01，** 表示 p<0.05，* 表示 p<0.10。2SLS 回归自动把只有一年数据的样本忽略，样本中有 8 家企业只有一年的数据，因此回归结果中的观测变量数为 4417。

式（3-2）回归结果显示，政府补助（Subsidy）的系数为正，且在 1% 水平下显著，表明科技型企业获得政府补助越多，企业研发投入越多，不拒绝假设 2。

综上所述，政府补助对科技型企业研发投入有促进作用，一方面，政府对企业进行补助，企业研发投入显著增加；另一方面，政府补助的金额越多，企业研发投入越多。

第四节　稳健性检验

政府是否对企业进行补助并不是随机的，而是受到一系列因素的影响，如企业的创新能力、所在行业、政企关系等。采用式（3-1）检验科技型企业获得政府补助能否促进企业研发投入，无法有效剔除"选择性偏误"的干扰，难以得出科技型企业获得政府补助对企业研发投入的因果效应。为解决上述问题，本章采用两阶段估计的处理效应模型（Treatment Effect Model），对科技型企业获得政府补助能否促进企业研发投入进行有效测度。

具体而言，本章假定政府是否对企业进行补助遵循一定的选择规则，但由于真实的规则无法直接观测，因此定义一个潜变量，通过一个选择方程来捕捉。

$$R\&D_{it}=\beta_0 + \beta_1 DSubsidy_{it} + \beta_2 CV_{it} + d_t + d_i + d_r + \varepsilon_{it} \quad (3-3)$$

$DSubsidy_{it}^* = \eta + \pi X_{it} + \phi CV_{it} + \upsilon_{it}$，当 $DSubsidy_{it}^* > 0$ 时，

$$DSubsidy_{it} = 1；否则取 0 \quad (3-4)$$

其中，CV_{it} 为控制变量，与式（3-1）中的控制变量相同。式（3-3）为回归方程，式（3-4）为选择方程，作为处理条件的 $DSubsidy$ 同时进入回归方程和选择方程。选择方程（3-4）中的 $DSubsidy_{it}^*$ 就是上面提到的潜变量，选择方程（3-4）实际上是一个 probit 模型。X_{it} 为独立的解释变量，不进入回归方程（3-3），但极可能影响政府补助的概率。X_{it} 包括所有制（SOE）、高技术行业（Hightech）和省会城市（Capital）。所有制（SOE）为虚拟变量，企业为国有企业时，取值为 1，否则，取值为 0。高技术行业（Hightech）为虚拟变量，企业属于高技术行业时[①]，取值为 1，否则，取值为 0。省会城市（Capital）为虚拟变量，企业注册地址在省会城市，取值为 1，否则，取值为 0。在考虑到第一阶段的选择效应后，如果回归方程（3-3）中的核心估计参数 β_1 仍然显著，可推断：获得政府补助对科技型企业研发投入有显著影响，即式（3-1）的回归结果是稳健的。

稳健性回归结果如表 3-7 所示。回归方程（3-3）结果显示，政府是否补助（DSubsidy）的系数在 1% 的水平下显著为正，与式（3-1）回归结果一致，表明回归结果是稳健的。$\rho\sigma$ 系数为负，表明 OLS 回归

---

① 高技术行业分类依据为国家统计局发布的《高技术产业（制造业）分类（2017）》和《高技术产业（服务业）分类（2018）》。

［式（3-1）］低估了政府是否补助（DSubsidy）对科技型企业研发投入（R&D）的边际影响。式（3-1）中政府是否补助（DSubsidy）的系数小于回归方程（3-3）中的系数，这与 $\rho\sigma$ 系数为负一致。$\rho\sigma$ 系数在1%水平下显著，表明政府对科技型企业的补助并不是随机的，使用处理效应模型进行回归更为有效。

式（3-2）中研发投入（R&D）的定义为企业研发投入的自然对数，政府补助（Subsidy）的定义为政府补助的自然对数。本节将研发投入（R&D）定义为企业研发投入占营业总收入百分比，将政府补助（Subsidy）定义为政府补助占营业总收入百分比，重新对式（3-2）进行回归，作为稳健性检验。这里仍然选用两阶段回归方法（2SLS）进行回归，工具变量为平均政府补助（AverageSubsidy）。本节的平均政府补助（AverageSubsidy）是同一行业、同一城市企业获得的平均政府补助占营业总收入百分比。

表3-7第三列结果为对式（3-2）回归结果的稳健性检验。重新定义研发投入（R&D）和政府补助（Subsidy）后，政府补助（Subsidy）的系数仍然显著为正，表明式（3-2）的回归结果是稳健的。

表3-7　政府补助对科技型企业研发投入稳健性回归结果

变量	回归方程（3-3） R&D	选择方程（3-4） DSubsidy	式（3-2） R&D
Dsubsidy	1.0049*** （5.38）		
Subsidy			0.7035*** （5.73）
Growth	−0.0004* （−1.93）	0.0007 （1.34）	−0.0045** （−2.03）

续表

变量	回归方程(3-3) R&D	选择方程(3-4) DSubsidy	式(3-2) R&D
Collateral	−0.0100***	0.0037	−0.0057
	(−12.43)	(1.19)	(−0.83)
Leverage	−0.0045***	0.0090***	−0.0058
	(−7.18)	(3.97)	(−1.17)
Competition	0.0160***	−0.0022	0.1730***
	(14.35)	(−0.57)	(4.75)
Size	0.7450***	−0.6155***	−1.1859***
	(44.05)	(−17.51)	(−6.09)
SOE		−0.2115	
		(−1.23)	
Hightech		0.0146	
		(0.20)	
Capital		0.1442**	
		(2.02)	
constant	1.3145***	13.8280***	
	(2.70)	(19.41)	
控制时间	YES		YES
控制行业	YES		YES
控制地区	YES		YES
R^2			0.2227
F			0.0000
Obs.	4425		4417
Wald chi2	5560.92		
$\rho\sigma$	−0.3272***		
	(−3.46)		

注：括号中数字为 t 检验值，*** 表示 p<0.01，** 表示 p<0.05，* 表示 p<0.10。2SLS 回归自动把只有一年数据的样本忽略，样本中有 8 家企业只有一年的数据，因此回归结果中的观测变量数为 4417。

第五节　本章小结

本章通过理论分析，提出科技型企业获得政府补助，企业研发投入显著增加，以及科技型企业获得的政府补助越多，企业研发投入越多的假设。以2009~2017年深圳创业板上市公司为研究样本，探讨政府补助对科技型企业研发投入的作用，得出以下两个结论：

（1）科技型企业获得政府补助，企业研发投入显著增加。

（2）科技型企业获得的政府补助越多，企业研发投入越多。

采用两阶段回归方法（2SLS）对式（3-1）回归结果进行稳健性检验，得出回归结果稳健的结论。重新定义研发投入（$R\&D$）和政府补助（$Subsidy$）变量，对式（3-2）回归结果进行稳健性检验，得出回归结果稳健的结论。

本章研究结论表明，现阶段，中国科技型企业研发投入仍然不足，政府补助有利于促进科技型企业研发投入，即政府对科技型企业的补助是有必要的。但是，政府不能盲目地对企业进行补助，应根据政府补助对科技型企业研发投入的作用机制合理设置补助的金额和方式，提高政府补助的效率。因此，本书有必要对政府补助对科技型企业研发投入的作用机制进行研究。本书将在后面的章节探讨企业融资视角下政府补助对科技型企业研发投入的作用机制。

第四章

融资约束的中介机制

第三章探讨了政府补助对科技型企业研发投入的作用,得出政府补助能够促进企业研发投入的结论。但政府补助对科技型企业研发投入的影响机制仍需进一步研究。

中国企业普遍存在融资约束问题。企业和外部投资者之间的信息不对称程度越高,企业面临的融资约束问题越严重(屈文洲等,2011;Kaplan 和 Zingales,1997)。而科技型企业对研发项目的情况及进展的信息披露较为慎重,在为研发项目进行外源融资时,信息不对称问题更为严重,融资约束问题更为突出。政府补助能够直接缓解科技型企业融资约束,也能够向外部投资者传递科技型企业研发项目的有利信息,减少企业与外部投资者之间的不对称信息,缓解企业研发融资约束。因此,本章首先探讨政府补助对科技型企业融资约束的缓解作用。

政府补助促进科技型企业研发投入的机制主要有以下两个:一是政府补助通过缓解科技型企业融资约束,从而促进企业研发投入;二是政府补助通过分担风险、弥补研发活动正外部性溢出导致的企业收入损失,从而提高企业研发投入。本书主要探讨政府补助通过缓解科技型企业融资约束从而促进企业研发投入这一作用机制。在探讨了政府补助对科技型企业融资约束的缓解作用后，本章进一步通过博弈分析及实证分析探讨政府补助能否通过缓解科技型企业融资约束从而促进企业研发投入。

综上，本章探讨融资约束在政府补助促进科技型企业研发投入中的中介机制。本章的研究框架为：首先，介绍本章实证分析所用的数据、变量、描述性统计、相关性分析及多重共线性检验。其次，研究政府补助能否缓解科技型企业融资约束。再次，通过博弈分析，探讨融资约束能否在政府补助对科技型企业研发投入的促进作用中发挥中介机制作用，即政府补助能否通过缓解科技型企业融资约束从而促进企业研发投入。最后，通过实证分析，探讨融资约束能否在政府补助对科技型企业研发投入的促进作用中发挥中介机制作用。

本章逻辑框架如图4-1所示，研究结构如图4-2所示。

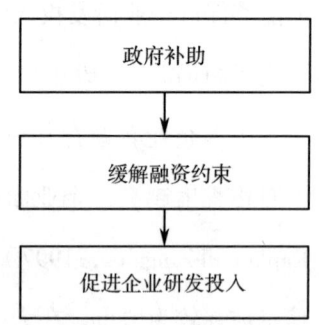

图4-1 第四章逻辑框架

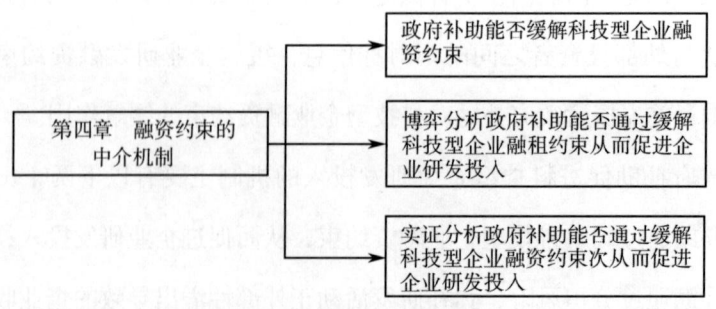

图4-2 第四章研究结构

第一节 数据

一、研究数据

本章选择深圳创业板上市公司作为研究样本。本章在第三章所选用数据样本的基础上剔除未获得政府补助的观测样本,最终样本容量为 643 家企业,总计 4163 个有效观测样本。本章样本数据仍为非平衡面板数据。

二、变量及描述性统计

本章研究所涉及到的变量的名称及定义如表 4-1 所示。其中,研究政府补助能否缓解科技型企业融资约束时,融资约束(FC)为被解释变量;研究融资约束的中介机制时,研发投入($R\&D$)、融资约束(FC)分别作为被解释变量。政府补助($Subsidy$)为主要解释变量。成长性($Growth$)、担保能力($Collateral$)、财务杠杆($Leverage$)

表 4-1 变量一览表

变量	变量名称	变量定义
$R\&D$	研发投入	企业研发投入的自然对数
$Subsidy$	政府补助	政府补助的自然对数
FC	融资约束	SA 指数
$Growth$	成长性	营业总收入同比增长率
$Collateral$	担保能力	固定资产占总资产百分比
$Leverage$	财务杠杆	资产负债率
$Competition$	产品市场竞争	销售费用占营业总收入百分比

以及产品市场竞争（Competition）为控制变量。本章没有选择企业规模（Size）作为控制变量是因为本章主要研究变量中的融资约束（FC）变量的计算涉及到企业规模（Size）数据。

研发投入（R&D）、成长性（Growth）、担保能力（Collateral）、财务杠杆（Leverage）以及产品市场竞争（Competition）的定义与第三章相同。本章中的政府补助（Subsidy）为企业获得的政府补助金额的自然对数。

融资约束（FC）的测度方法较多，可通过模型测度，也可通过指数测度（Fazzari 等，1988；Almeida 等，2004）。由于模型测度方法主要通过现金—现金流敏感性、投资—现金流敏感性测度企业是否存在融资约束问题，不适用于本章的研究，本章采用指数方法对融资约束进行测度。测度融资约束的指数分为单一型指数和复合型指数。单一型指数主要为企业特征代理变量，如利息保障倍数、企业规模、流动比率、产权性质等，它们只能从某个方面去代表企业的融资约束情况，不够全面、客观。复合型指数主要有 KZ 指数、WW 指数和 SA 指数（Kaplan 和 Zingales，1997；Whited 和 Wu，2006；Hadlock 和 Pierce，2010）。本章选择 SA 指数测度企业融资约束，理由如下：①Whited 和 Wu（2006）认为，KZ 指数并不能真实反映企业的融资约束状况，甚至认为 KZ 指数在度量融资约束时存在不少与事实相反的情况。Hadlock 和 Pierce，2010）也认为 SA 指数比 KZ 指数更优。②WW 指数主要测度股权融资约束，本章所测度的融资约束不仅仅包括股权融资约束（Hadlock 和 Pierce，2010）。③SA 指数没有包括内生性特征的融资变量。④SA 指数相对稳健。SA 指数的计算公式为：

$$SA = -0.737 \times size + 0.043 \times size^2 - 0.040 \times age \qquad (4-1)$$

其中，$size$ 是企业百万元资产的自然对数，age 是企业年龄。SA 指数为负数，其绝对值越大，融资约束程度越低。

各变量的描述性统计如表 4-2 所示。

表 4-2　变量描述性统计

变量	均值	标准差	最小值	最大值	样本量
R&D	17.052	0.911	11.852	21.344	4163
Subsidy	15.269	1.335	6.908	19.914	4163
FC	−3.489	0.270	−4.358	−2.293	4163
Growth	28.165	42.109	−84.023	668.445	4163
Collateral	15.747	12.015	0.134	73.455	4163
Leverage	29.947	17.015	1.103	91.070	4163
Competition	8.958	8.731	0.000	72.959	4163

三、相关性分析及多重共线性检验

本章对各变量进行相关性分析。各变量的 Pearson 相关系数如表 4-3 所示；各变量的 Spearman 相关系数如表 4-4 所示。虽然大部分自变量的相关系数显著，但相关系数绝对值较低，均低于 0.3。

表 4-3　各变量的 Pearson 相关系数

变量	R&D	Subsidy	FC	Growth	Collateral	Leverage	Competition
R&D	1						
Subsidy	0.447***	1					
FC	−0.509***	−0.227***	1				
Growth	0.114***	0.020	0.018	1			
Collateral	−0.145***	−0.064***	0.001	−0.075***	1		
Leverage	0.088***	−0.014	−0.012	0.162***	0.152***	1	
Competition	0.115***	0.120***	−0.034**	−0.058***	−0.072***	−0.221***	1

注：***、**、* 分别表示在 1%、5%、10% 水平上显著。

表 4-4　各变量的 Spearman 相关系数

变量	R&D	Subsidy	FC	Growth	Collateral	Leverage	Competition
R&D	1						
Subsidy	0.487***	1					
FC	−0.526***	−0.255***	1				
Growth	0.112***	0.052***	0.046***	1			
Collateral	−0.143***	−0.083***	−0.014	−0.088***	1		
Leverage	0.072***	−0.003	−0.021	0.170***	0.153***	1	
Competition	0.090***	0.148***	−0.028*	−0.043***	−0.126***	−0.227***	1

注：***、**、* 分别表示在 1%、5%、10% 水平上显著。

经回归共线性诊断计算得出自变量矩阵的条件指数为 6.08（Subsidy 为解释变量）和 29.13（Subsidy 和 FC 为解释变量），均小于 30，表明本章回归模型所涉及的自变量之间不存在多重共线性问题。

第二节　政府补助对企业融资约束的缓解作用

一、假设提出

中国企业普遍存在融资约束问题，科技型企业的融资约束问题更为突出（顾群和翟淑萍，2014）。研究新技术、开发新产品是科技型企业能够可持续发展的重要保障，科技型企业会投入大量资金进行研发。面对激烈的市场竞争，科技型企业对研发项目的情况及进展的信息披露尤为慎重，在为研发项目进行外源融资时，信息不对称问题更为严重，融资约束问题更为突出。

科技型企业的融资约束问题更为严峻，外源融资成本较高，企业难以通过外源融资获得资金从而进行研发活动。政府补助能够直接为科技型企业提供资金，减少企业需要向外部投资者筹措的资金量，缓解企业融资约束。同时，政府补助还能通过信号传递作用减少外部投资者与科技型企业之间的信息不对称，增加企业外源融资，缓解企业融资约束。本章提出如下假设：

假设3：政府补助能够缓解科技型企业融资约束，即政府补助与科技型企业融资约束之间呈负相关关系。

二、模型设定

为检验政府补助能否缓解科技型企业融资约束，建立如下回归模型：

$$FC_{it} = \alpha + \beta_1 Subsidy_{it} + \beta_2 CV_{it} + d_t + d_i + d_r + \lambda_i + \varepsilon_{it} \quad (4-2)$$

其中，α为常数项，β为变量的相关系数，d_t、d_i、d_r分别为对时间、行业、地区的控制，λ_i为个体效应，ε_{it}为误差项，CV_{it}为控制变量，包括成长性（Growth）、担保能力（Collateral）、财务杠杆（Leverage）以及产品市场竞争（Competition）。

政府补助的规模会受到企业财务状况的影响。融资约束（FC）、担保能力（Collateral）、财务杠杆（Leverage）等都能够反映企业的财务状况。上述模型存在内生性问题。为解决内生性问题，选择平均政府补助（AverageSubsidy）为工具变量，运用两阶段回归方法（2SLS）对上述模型进行回归。平均政府补助（AverageSubsidy）是同一行业、同一城市企业获得的平均政府补助的自然对数。平均政府补助（AverageSubsidy）与政府补助（Subsidy）相关，且外生于企业的财务状况，是合适的工具变量。

为保障模型参数估计量的有效性、统计检验的有效性，对模型进行异方差性检验，如果存在异方差性，采用异方差稳健推断方法，求得稳健性标准误，在此基础上构建稳健性 t 统计量，从而进行稳健性 t 检验。

三、实证结果

政府补助对科技型企业融资约束影响的回归结果如表 4-5 所示。逐步引入控制变量进行回归，结果显示，政府补助的系数均为负数，且均在 1% 的水平下显著，科技型企业获得的政府补助越多，企业的融资约束水平越低，表明政府补助能够缓解科技型企业融资约束，不拒绝假设 3。同时也表明式（4-2）的回归结果是稳健的，并不会随控制变量的引入而发生变化。

表 4-5 政府补助对科技型企业融资约束回归结果

变量	式（4-2）				
Subsidy	−0.0086***	−0.0087***	−0.0071***	−0.0074***	−0.0074***
	（−4.02）	（−4.08）	（−3.45）	（−3.75）	（−3.74）
Growth		−0.0001***	−0.0001**	−0.0002***	−0.0002***
		（−2.75）	（−2.29）	（−4.57）	（−4.53）
Collateral			0.0029***	0.0025***	0.0025***
			（15.02）	（12.99）	（13.01）
Leverage				0.0014***	0.0014***
				（11.99）	（11.87）
Competition					−0.00005
					（−0.10）

续表

变量	式（4-2）				
控制时间	YES	YES	YES	YES	YES
控制行业	YES	YES	YES	YES	YES
控制地区	YES	YES	YES	YES	YES
R^2	0.8842	0.8846	0.8937	0.8989	0.8989
F	0.0000	0.0000	0.0000	0.0000	0.0000
Obs.	4158	4158	4158	4158	4158

注：括号中数字为 t 检验值，*** 表示 $p<0.01$，** 表示 $p<0.05$，* 表示 $p<0.10$。2SLS 回归自动把只有一年数据的样本忽略，样本中有 5 个企业只有一年的数据，因此回归结果中的观测变量数为 4158。

四、稳健性检验

本章选用创业板上市企业数据研究政府补助对科技型企业融资约束的影响，而创业板上市企业样本量有限，因此用自助法（Bootstrap）重新对样本数据进行回归，抽样次数为 500 次，得到更加渐近有效的统计量，进行稳健性检验。自助法下，各模型回归的系数不变，t 统计量会比原有的 t 统计量更有效。自助法稳健性检验回归结果如表 4-6 所示。表中模型主要解释变量的 t 统计值有所下降，但各系数依然显著，且显著性不变，表明表 4-5 的回归结果是稳健的。

表 4-6　政府补助对科技型企业融资约束稳健性回归结果

变量	式（4-2）				
Subsidy	-0.0086***	-0.0087***	-0.0071***	-0.0074***	-0.0074***
	(-4.04)	(-3.79)	(-3.40)	(-3.57)	(-3.56)
Growth		-0.0001***	-0.0001**	-0.0002***	-0.0002***
		(-2.82)	(-2.20)	(-4.62)	(-4.38)
Collateral			0.0029***	0.0025***	0.0025***
			(14.53)	(12.51)	(12.45)
Leverage				0.0014***	0.0014***
				(12.08)	(10.98)
Competition					-0.00005
					(-0.09)
控制时间	YES	YES	YES	YES	YES
控制行业	YES	YES	YES	YES	YES
控制地区	YES	YES	YES	YES	YES
R^2	0.8842	0.8846	0.8937	0.8989	0.8989
F	0.0000	0.0000	0.0000	0.0000	0.0000
Obs.	4163	4163	4163	4163	4163

注：括号中数字为 t 检验值，*** 表示 $p<0.01$，** 表示 $p<0.05$，* 表示 $p<0.10$。

第三节　融资约束的中介机制：博弈分析

构建这样一个模型，假定双寡头企业 1 和企业 2 构成某一产业，企业生产垂直差异化产品。企业进行两阶段博弈：第一阶段为研发阶段，企业选择研发投入，提高产品质量；第二阶段为伯特兰德（Bertrand）价格竞争阶段，企业根据产品质量进行价格竞争。假设消费者数量标准化为 1，参考 Sutton（1997），消费者效用函数为：

$$U(q_i, q_j, M) = q_i + q_j - \frac{q_i^2}{u_i^2} - \frac{q_j^2}{u_j^2} - \sigma \frac{q_i q_j}{u_i u_j} + M, \ i, j=1, 2, i \neq j \quad (4-3)$$

其中，q_i 和 q_j 为消费者对产品 i 和产品 j 消费的数量，p_i 和 p_j 为产

品 i 和产品 j 的价格。M 为消费者对其他产品的消费,标准价格 $P_M=1$,Y 为收入,$M=Y-p_iq_i-p_jq_j$。u_i 和 u_j 为产品垂直质量差异,衡量产品的质量。σ 为产品水平差异,$0 \leqslant \sigma \leqslant 2$,$\sigma$ 越大,表示产品之间的替代性越强,产品差异化程度越小。最大化消费者效用,得到产品的需求函数为:

$$q_i = \frac{u_i[2u_i(1-p_i) - \sigma u_j(1-p_j)]}{(2-\sigma)(2+\sigma)}, \quad i,j=1,2,i \neq j \quad (4-4)$$

从需求函数可得,企业产品 i 质量的提高会增加消费者对该产品的消费,而竞争企业产品 j 质量的提高则会减少消费者对产品 i 的消费。因此,企业希望通过技术创新提高产品质量,占有更多市场份额。企业的研发活动在提高自身技术水平的同时,还会产生知识溢出,对其他企业的研发活动产生正向影响。参考 Symeonidis(2003)的做法,假设研发投入转化率的关系函数为 $u_i = R_i^{\frac{1}{4}} + \rho R_j^{\frac{1}{4}}$,其中 ρ 为知识溢出水平,$0 \leqslant \rho \leqslant 1$,$\rho$ 越大,知识溢出水平越高,即企业研发活动对竞争企业研发活动产生的正外部性越大。R 为企业研发投入。

首先,考虑第二阶段:伯特兰德(Bertrand)价格竞争阶段,企业根据产品质量进行定价。企业的利润为 $\pi_i = (p_i - c)q_i - R_i[1+\phi(S)] + S$,常量 c 为企业生产一单元产品的成本,$0 \leqslant c \leqslant 1$。$S$ 为企业获得的政府补助。$\phi(S)$ 为企业受到的融资约束水平,企业受到融资约束水平越高,$\phi(S)$ 越大。假设政府补助 S 能够缓解企业融资约束 $\phi(S)$,即政府补助增加,企业受到的融资约束程度减轻(上节实证分析已证明)。将式(4-4)代入利润函数,最大化利润函数,解得企业的最优定价以及在该定价下的企业利润。

$$p_i = c + \frac{(1-c)[(8-\sigma^2)u_i - 2\sigma u_j]}{(4-\sigma)(4+\sigma)u_i}, i,j=1,2, i \neq j \qquad (4-5)$$

$$\pi_i = \frac{2(1-c)^2[(8-\sigma^2)u_i - 2\sigma u_j]^2}{(2-\sigma)(2+\sigma)(4-\sigma)^2(4+\sigma)^2} - R_i[1+\phi(S)] + S, i,j=1,2, i \neq j \qquad (4-6)$$

其次,考虑第一阶段:研发阶段,企业进行研发投入,提高产品质量。此阶段,企业选择最优研发投入策略,使得自身利润最大化,解得最优研发投入。

$$R_0 = R_1 = R_2 = \frac{(1-c)^4(8-\sigma^2-2\sigma\rho)^2(1+\rho)^2}{(2+\sigma)^2(4+\sigma)^2(4-\sigma)^4[1+\phi(S)]^2} \qquad (4-7)$$

在均衡状态下,企业最优研发投入与政府补助 S 不直接相关,与融资约束水平 $\phi(S)$ 负相关。

通过上述两阶段动态博弈分析,得出如下命题:

命题:在差异化产品的质量竞争模型中,企业通过技术创新提高产品质量,获得更多市场份额,融资约束水平、知识溢出水平、产品成本以及产品差异化程度均会直接影响企业最优研发投入水平。其中,企业受到的融资约束水平越高,企业最优研发投入水平越低。企业获得的政府补助虽然不直接影响企业最优研发投入水平,但能够通过缓解企业融资约束,从而提高企业最优研发投入水平,即融资约束在政府补助对企业研发投入的影响中发挥着中介机制作用。

第四节 融资约束的中介机制:实证分析

一、假设提出

政府补助能够通过缓解科技型企业融资约束,促进企业研发投入。

一方面，政府补助按照性质可大致分为因研发活动而获得的补助、因符合地方性扶持政策而获得的补助、因从事国家鼓励行业而获得的补助、因承担国家为保障某种公用事业或社会必要产品供应或价格控制职能而获得的补助，而政府对科技型企业提供的补助主要为因研发活动而提供的补助。科技型企业的主要活动为研发活动，因此政府补助能够减少企业需要为研发活动筹集的资金，增加科技型企业研发投入。另一方面，政府补助能够向外部投资者传递正向信号，增加科技型企业获得的外源融资，尤其是增加研发活动的外源融资，促进企业研发投入。上节的博弈分析结果也表明企业获得的政府补助能够通过缓解企业融资约束促进企业研发投入。本章提出如下假设：

假设 4：融资约束在政府补助对科技型企业研发投入的促进作用中发挥中介机制作用，即政府补助通过缓解科技型企业融资约束从而促进企业研发投入。

二、模型设定

为检验融资约束的中介机制，本章选用中介作用模型。中介作用指的是自变量通过中介变量来影响因变量的过程。中介作用模型如下（Baron 和 Kenny，1986；Mackinnon 等，2002）：

$$Y = \beta_{0(1)} + \tau X + \varepsilon_{(1)} \tag{4-8}$$

$$Y = \beta_{0(2)} + \tau' X + \beta I + \varepsilon_{(2)} \tag{4-9}$$

$$I = \beta_{0(3)} + \alpha X + \varepsilon_{(3)} \tag{4-10}$$

其中，X 为自变量，Y 为因变量，I 为中介变量。$\beta_{0(1)}$、$\beta_{0(2)}$、$\beta_{0(3)}$ 为式（4-8）、式（4-9）和式（4-10）的常数项。τ、τ'、α、β 为变量

的相关系数。$\varepsilon_{(1)}$、$\varepsilon_{(2)}$、$\varepsilon_{(3)}$ 为式（4-8）、式（4-9）和式（4-10）的误差项。

当上述中介作用模型同时满足以下三个条件时，存在中介作用：第一，τ 显著，即自变量 X 显著影响因变量 Y。第二，α 显著，即自变量 X 显著影响中介变量 I。第三，β 显著，且 $\tau'<\tau$，即中介变量 I 有助于预测因变量 Y。如果这三个条件同时满足，且 τ' 不显著，表明自变量 X 对因变量 Y 的影响全部通过中介变量 I 间接实现。如果这三个条件不能同时满足，则表明自变量 X 对因变量 Y 的影响并不是通过中介变量 I 实现。通过计算 $1-\frac{\hat{\tau}'}{\hat{\tau}}$ 可以得到中介变量在解释自变量对因变量影响中所占的比重，直观反映相关机制的解释力度（程令国等，2014）。

本章中，自变量 X 指的是政府补助（Subsidy），因变量 Y 指的是研发投入（R&D），中介变量 I 指的是融资约束（FC）。因此，式（4-8）、式（4-9）和式（4-10）可以表示为：

$$R\&D_{it} = \beta_{0(1)} + \tau Subsidy_{it} + \gamma_{1(1)} CV_{it} + d_t + d_i + d_r + \lambda_i + \varepsilon_{it} \tag{4-11}$$

$$R\&D_{it} = \beta_{0(2)} + \tau' Subsidy_{it} + \beta FC_{it} + \gamma_{1(2)} CV_{it} + d_t + d_i + d_r + \lambda_i + \varepsilon_{it} \tag{4-12}$$

$$FC_{it} = \beta_{0(3)} + \alpha Subsidy_{it} + \gamma_{1(3)} CV_{it} + d_t + d_i + d_r + \lambda_i + \varepsilon_{it} \tag{4-13}$$

其中，CV_{it} 为控制变量，包括成长性（Growth）、担保能力（Collateral）、财务杠杆（Leverage）以及产品市场竞争（Competition）。式（4-13）与式（4-2）相同。

政府补助的规模除了受到企业财务状况的影响外，还受到企业创新能力的影响。其中，融资约束（FC）、担保能力（$Collateral$）、财务杠杆（$Leverage$）等都能反映企业的财务状况；企业研发投入（$R\&D$）是企业创新能力的代理变量之一，因此上述模型均存在内生性问题。为解决内生性问题，选择平均政府补助（$AverageSubsidy$）为工具变量，运用两阶段回归方法（2SLS）对上述模型进行回归。平均政府补助（$AverageSubsidy$）与政府补助（$Subsidy$）相关，且外生于企业的财务状况和创新能力，是合适的工具变量。

为保障模型参数估计量的有效性、统计检验的有效性，对模型进行异方差性检验，如果存在异方差性，采用异方差稳健推断方法，求得稳健性标准误，在此基础上构建稳健性 t 统计量，从而进行稳健性 t 检验。

三、实证结果

式（4-11）的回归结果如表 4-7 所示，式（4-12）的回归结果见表 4-8，式（4-13）的回归结果见本章第二节表 4-5。表 4-7 回归结果中，政府补助（$Subsidy$）的系数为正，在 1% 水平下显著，表明随着科技型企业获得政府补助的增加，企业的研发投入增加。逐步引入控制变量进行回归，表 4-7 中政府补助（$Subsidy$）的系数方向及显著性不变，表明回归结果是稳健的，并不会随控制变量的引入而发生变化。表 4-8 回归结果中，政府补助（$Subsidy$）的系数为正，在 1% 水平下显著，融资约束（FC）的系数为负，在 1% 水平下显著，表明随着科技型企业获得政府补助的增加，企业的研发投入增加；随着科技型企业融资约束程度的缓解，企业研发投入增加。逐步引入控制变量进行回归，表 4-8

表 4-7 融资约束的中介机制：政府补助对研发投入回归结果

变量			式（4-11）		
Subsidy	0.0849***	0.0861***	0.0825***	0.0809***	0.0808***
	（7.74）	（7.89）	（7.64）	（7.60）	（7.59）
Growth		0.0011***	0.0010***	0.0007***	0.0006***
		（4.96）	（4.79）	（3.01）	（2.96）
Collateral			−0.0062***	−0.0081***	−0.0080***
			（−6.42）	（−8.32）	（−8.32）
Leverage				0.0063***	0.0063***
				（8.65）	（8.65）
Competition					−0.0003
					（−0.11）
控制时间	YES	YES	YES	YES	YES
控制行业	YES	YES	YES	YES	YES
控制地区	YES	YES	YES	YES	YES
R^2	0.6854	0.6902	0.6947	0.7054	0.7054
F	0.0000	0.0000	0.0000	0.0000	0.0000
Obs.	4158	4158	4158	4158	4158

注：括号中数字为 t 检验值，*** 表示 p<0.01，** 表示 p<0.05，* 表示 p<0.10。2SLS 回归自动把只有一年数据的样本忽略，样本中有 5 个企业只有一年的数据，因此回归结果中的观测变量数为 4158。

中政府补助（Subsidy）和融资约束（FC）的系数方向及显著性不变，表明回归结果是稳健的，并不会随控制变量的引入而发生变化。

本章第二节表 4-5 回归结果表明政府补助能够显著缓解科技型企业融资约束，即自变量显著影响中介变量。表 4-7 回归结果表明政府补助显著促进科技型企业研发投入，即自变量显著影响因变量。表 4-8 回归结果表明科技型企业融资约束的增加显著抑制企业研发投入，式（4-12）中政府补助（Subsidy）的系数小于式（4-11）中政府补助（Subsidy）的系数，即中介变量有助于预测因变量。中介作用的三个条件同时满足，表明融资约束在政府补助促进科技型企业研发投入的过程中发挥着中介机制作用，不拒绝假设 4。表 4-8 中政府补助（Subsidy）的系数显著，表明政府补助并不是完全通过缓解科技型企业融资约束来促进企业研发投入。政府补助还可以通过弥补研发活动的正外部性溢出等方式促进企业研发投入。

表 4-8　融资约束的中介机制：政府补助、融资约束与研发投入回归结果

变量	式（4-12）				
Subsidy	0.0748***	0.0762***	0.0751***	0.0711***	0.0710***
	（6.96）	（7.11）	（7.04）	（6.87）	（6.85）
FC	−1.1681***	−1.1322***	−1.0453***	−1.3236***	−1.3237***
	（−10.68）	（−10.11）	（−8.76）	（−11.52）	（−11.53）
Growth		0.0010***	0.0010***	0.0004*	0.0004*
		（4.37）	（4.33）	（1.92）	（1.88）
Collateral			−0.0032***	−0.0048***	−0.0048***
			（−3.16）	（−4.93）	（−4.94）
Leverage				0.0082***	0.0082***
				（11.10）	（11.15）
Competition					−0.0003
					（−0.14）
控制时间	YES	YES	YES	YES	YES
控制行业	YES	YES	YES	YES	YES
控制地区	YES	YES	YES	YES	YES
R^2	0.7024	0.7061	0.7072	0.7245	0.7245
F	0.0000	0.0000	0.0000	0.0000	0.0000
Obs.	4158	4158	4158	4158	4158

注：括号中数字为 t 检验值，*** 表示 p<0.01，** 表示 p<0.05，* 表示 p<0.10。2SLS 回归自动把只有一年数据的样本忽略，样本中有 5 个企业只有一年的数据，因此回归结果中的观测变量数为 4158。

通过计算 $1-\dfrac{\hat{\tau}'}{\hat{\tau}}$ [其中，$\hat{\tau}'$为式（4-12）中政府补助（Subsidy）的系数；$\hat{\tau}$为式（4-11）中政府补助（Subsidy）的系数]，得到融资约束在解释政府补助对科技型企业研发投入的促进作用中所占的比重为 12.13%。

四、稳健性检验

本节用自助法（Bootstrap）重新对样本数据进行回归，抽样次数为 500 次，得到更加渐近有效的统计量，进行稳健性检验。自助法下，各模型回归的系数不变，t 统计量会比原有的 t 统计量更有效。自助法稳健性检验回归结果如表 4-9 和表 4-10 所示。表中各模型绝大部分主要解释变量的 t 统计值有所下降，但各系数依然显著，显著性不变，表明表 4-7 和表 4-8 的回归结果是稳健的。

表 4-9　融资约束的中介机制：政府补助对研发投入稳健性检验结果

变量	式（4-11）				
Subsidy	0.0849***	0.0861***	0.0825***	0.0809***	0.0808***
	（7.38）	（7.62）	（7.52）	（7.12）	（7.73）
Growth		0.0011***	0.0010***	0.0007***	0.0006***
		（4.75）	（4.68）	（2.94）	（2.75）
Collateral			−0.0062***	−0.0081***	−0.0080***
			（−5.81）	（−7.67）	（−8.18）
Leverage				0.0063***	0.0063***
				（7.68）	（8.06）
Competition					−0.0003
					（−0.09）
控制时间	YES	YES	YES	YES	YES
控制行业	YES	YES	YES	YES	YES

续表

变量	式（4-11）				
控制地区	YES	YES	YES	YES	YES
R^2	0.6854	0.6902	0.6947	0.7054	0.7054
F	0.0000	0.0000	0.0000	0.0000	0.0000
Obs.	4163	4163	4163	4163	4163

注：括号中数字为 t 检验值，*** 表示 p<0.01，** 表示 p<0.05，* 表示 p<0.10。

表 4-10　融资约束的中介机制：政府补助、融资约束与研发投入稳健性检验结果

变量	式（4-12）				
Subsidy	0.0748***	0.0762***	0.0751***	0.0711***	0.0710***
	（6.39）	（6.73）	（6.91）	（6.39）	（6.12）
FC	-1.1681***	-1.1322***	-1.0453***	-1.3236***	-1.3237***
	（-10.33）	（-9.42）	（-8.64）	（-10.70）	（-11.19）
Growth		0.0010***	0.0010***	0.0004*	0.0004*
		（4.30）	（4.18）	（1.80）	（1.72）
Collateral			-0.0032***	-0.0048***	-0.0048***
			（-2.96）	（-4.65）	（-4.41）
Leverage				0.0082***	0.0082***
				（10.77）	（10.63）
Competition					-0.0003
					（-0.12）
控制时间	YES	YES	YES	YES	YES
控制行业	YES	YES	YES	YES	YES
控制地区	YES	YES	YES	YES	YES
R^2	0.7024	0.7061	0.7072	0.7245	0.7245
F	0.0000	0.0000	0.0000	0.0000	0.0000

续表

变量	式（4-12）				
Obs.	4163	4163	4163	4163	4163

注：括号中数字为 t 检验值，*** 表示 p<0.01，** 表示 p<0.05，* 表示 p<0.10。

第五节　本章小结

本章在第三章研究的基础上，进一步探讨融资约束在政府补助促进科技型企业研发投入中的中介机制。本章以 2009~2017 年深圳创业板上市公司为研究样本，首先是研究政府补助能否缓解科技型企业融资约束；其次是通过博弈分析探讨政府补助能否通过缓解科技型企业融资约束从而促进企业研发投入，即融资约束的中介机制；最后是通过实证分析探讨融资约束的中介机制。

本章研究得出以下结论：

第一，由于科技型企业以研发活动为主要业务，企业的研发信息披露较为谨慎，与外部投资者信息不对称问题较为严重，因此科技型企业的融资约束问题较为突出。政府补助能够缓解科技型企业融资约束问题。

第二，政府补助能够通过缓解科技型企业融资约束，从而促进企业研发投入，即融资约束在政府补助对科技型企业研发投入的促进作用中发挥着中介机制作用。融资约束在解释政府补助对科技型企业研发投入的促进作用中所占的比重为 12.13%。

本章研究结论表明，政府补助能够缓解科技型企业融资约束。政府补助可通过两个途径缓解企业融资约束，一个途径是直接增加企业可支配的资金，另一个途径是向外部投资者传递正向信号，增加企业可获得的外源融资。如果政府补助主要是通过第一个途径缓解企业融资约束，那政府补助起到的作用有限。因此，有必要进一步探讨政府补助能否通过第二个途径缓解科技型企业融资约束。本章研究还发现，政府补助能够通过缓解科技型企业融资约束从而促进企业研发投入，因此，也有必要进一步探讨政府补助能否通过第二个途径缓解科技型企业融资约束，并将获得的资金用于研发活动上。融资约束在解释政府补助对科技型企业研发投入的促进作用中所占的比重为12.13%，并不是很高，这可能是因为政府补助更多是通过分担风险、弥补损失等方式直接提高科技型企业研发的积极性，但也可能是由于对于部分企业，政府补助较少甚至并不能通过增加企业获得的外源融资来促进企业研发投入。关于这些问题，本书将进行进一步的探讨。

第五章

信号传递的深层机制

第四章探讨了融资约束在政府补助对科技型企业研发投入的促进作用中的中介机制,得出政府补助能够通过缓解科技型企业融资约束从而促进企业研发投入的结论。

政府补助缓解企业融资约束的途径主要为两个:一是政府补助能够直接增加企业可支配资金,减少企业需要向外部融资的金额;二是政府补助能够向外部投资者传递关于被补助企业的有利信号,增加企业外源融资(Takalo 和 Tanayama,2008)。政府补助通过第一个途径缓解科技型企业融资约束的作用有限,而通过第二个途径缓解企业融资约束才能撬动社会资本,放大政府补助的作用。因此,本章首先关注第二个途径,探讨政府补助能否通过发挥信号传递作用缓解科技型企业融资约束。

政府补助通过发挥信号传递作用缓解科技型企业融资约束只是第一步,政府补助能否使得科技型企业将获得的外源融资用于研发活动上才是信号传递能否在政府补助促进科技型企业研发投入中发挥深层机制作用的关键一步。Kleer(2010)认为,当政府补助行为能够向市场提供有关企业研发项目的质量信息时,政府补助可以促进企业研发项目获得更多外源融资。梁彤缨等（2012）的研究也表明政府补助对企业研发融资起到引导作用。因此，本章进一步探讨政府补助能否刺激外源融资对科技型企业研发投入的促进作用。

综上，本章探讨信号传递在政府补助促进科技型企业研发投入中的深层机制。本章的研究框架为：首先，介绍本章实证分析所用的数据、变量、描述性统计、相关性分析及多重共线性检验；其次，探讨政府补助能否发挥信号传递作用，促进科技型企业外源融资；再次，探讨政府补助能否通过发挥信号传递作用，缓解科技型企业融资约束；最后，探讨政府补助能否刺激外源融资对科技型企业研发投入的促进作用。

本章逻辑框架如图 5-1 所示，其中实线为本章实证研究内容，虚线为第四章已实证研究的内容。本章研究结构如图 5-2 所示。

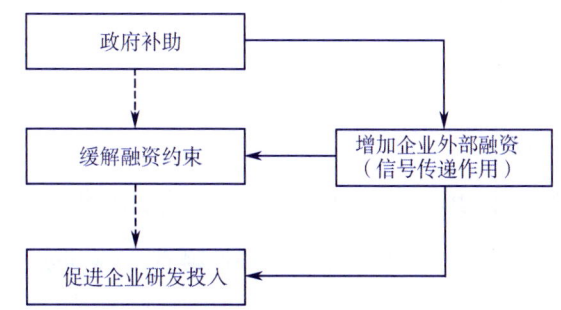

图 5-1　第五章逻辑框架

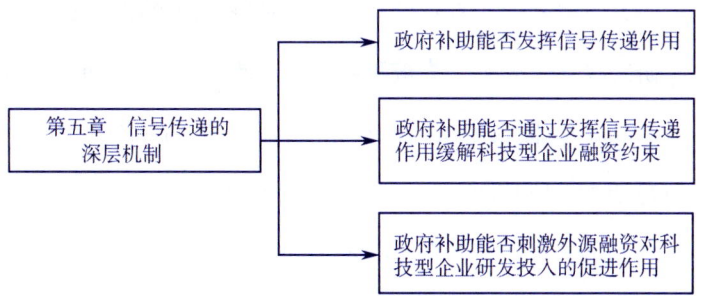

图 5-2　第五章研究结构

第一节 数据

一、研究数据

本章的研究样本与第四章研究样本相同，样本容量为643家企业，共4163个有效观测样本。本章样本数据仍为非平衡面板数据。在数据窗口期间，有企业上市，有个别企业退市，也有企业的数据公布不全，为保持数据样本的完整性，本章回归模型的有效观测样本数量根据模型所涉及变量的有效观测值数量而定。

二、变量及描述性统计

本章研究所涉及的变量的名称及定义如表5-1所示。其中，研究政府补助的信号传递作用时，外源融资（Exogfund）、债权融资（Debt）和股权融资（Equity）分别为被解释变量，政府补助（Subsidy）为解释变量；研究政府补助能否通过发挥信号传递作用缓解科技型企业融资约束时，融资约束（FC）为因变量，外源融资（Exogfund）、债权融资（Debt）和股权融资（Equity）分别为中介变量，政府补助（Subsidy）为自变量；研究政府补助能否刺激外源融资对科技型企业研发投入的促进作用时，研发投入（R&D）为被解释变量，政府补助（Subsidy）与外源融资（Exogfund）、债权融资（Debt）、股权融资（Equity）的交互项分别作为解释变量。成长性（Growth）、担保能力（Collateral）、财务杠杆（Leverage）以及产品市场竞争（Competition）为控制变量。

研发投入（R&D）、融资约束（FC）、政府补助（Subsidy）、成长

表 5-1 变量一览表

变量	变量名称	变量定义
R&D	研发投入	企业研发投入的自然对数
FC	融资约束	SA 指数
Subsidy	政府补助	政府补助的自然对数
Exogfund	外源融资	企业筹资活动净现金流占营业总收入百分比
Debt	债权融资	企业长期借款变化额占营业总收入百分比
Equity	股权融资	企业股本及资本公积变化额占营业总收入百分比
Growth	成长性	营业总收入同比增长率
Collateral	担保能力	固定资产占总资产百分比
Leverage	财务杠杆	资产负债率
Competition	产品市场竞争	销售费用占营业总收入百分比

性（Growth）、担保能力（Collateral）、财务杠杆（Leverage）以及产品市场竞争（Competition）的定义与第四章相同。

外源融资（Exogfund）为企业筹资活动净现金流占营业总收入的百分比，衡量企业的外源融资情况，百分比越高，企业外源融资越多。债权融资（Debt）为企业长期借款变化额占营业总收入的百分比，衡量企业债权融资情况，百分比越高，企业债权融资越多。股权融资（Equity）为企业股权融资变化额占营业总收入的百分比，其中企业股权融资变化额为企业股本及资本公积变化额。股权融资（Equity）衡量企业的股权融资情况，百分比越高，企业股权融资越多。

各变量的描述性统计如表 5-2 所示。主要变量中，外源融资（Exogfund）、债权融资（Debt）和股权融资（Equity）的变异系数是最大的[①]，表明样本数据的外源融资情况差异较大。其中，外源融

---

① 变异系数为数据标准差与平均值之比，能够比较两组数据的离散程度。

资（Exogfund）的变异系数为 2.64，债权融资（Debt）的变异系数为 10.11，股权融资（Equity）的变异系数为 2.18，表明在外源融资中，样本数据债权融资情况差异最大。

表 5-2 变量描述性统计

变量	均值	标准差	最小值	最大值	样本量
R&D	17.052	0.911	11.852	21.344	4163
FC	−3.489	0.270	−4.358	−2.293	4163
Subsidy	15.269	1.335	6.908	19.914	4163
Exogfund	24.755	65.425	−233.876	727.01	4108
Debt	0.928	9.383	−80.431	173.391	3875
Equity	32.352	70.496	−83.878	738.418	4163
Growth	28.165	42.109	−84.023	668.445	4163
Collateral	15.747	12.015	0.134	73.455	4163
Leverage	29.947	17.015	1.103	91.070	4163
Competition	8.958	8.731	0.000	72.959	4163

三、相关性分析及多重共线性检验

本章对各变量进行相关性分析。各变量的 Pearson 相关系数如表 5-3 所示；各变量的 Spearman 相关系数如表 5-4 所示。虽然大部分自变量的相关系数显著，但相关系数绝对值较低，均低于 0.3。

表 5-3　各变量的 Pearson 相关系数

变量	R&D	FC	Subsidy	Exogfund	Debt	Equity
R&D	1					
FC	−0.509***	1				
Subsidy	0.447***	−0.227***	1			
Exogfund	−0.049***	−0.019	0.042***	1		
Debt	0.019	−0.040**	0.004	0.079***	1	
Equity	−0.093***	0.025	0.022	0.882***	−0.007	1
Growth	0.114***	0.018	0.020	0.036**	0.079***	0.073***
Collateral	−0.145***	0.001	−0.064***	−0.196***	−0.025	−0.190***
Leverage	0.088***	−0.012	−0.014	−0.192***	0.143***	−0.270***
Competition	0.115***	−0.034**	0.120***	−0.007	−0.028*	0.009

变量	Growth	Collateral	Leverage	Competition
Growth	1			
Collateral	−0.075***	1		
Leverage	0.162***	0.152***	1	
Competition	−0.058***	−0.072***	−0.221***	1

注：***、**、* 分别表示在 1%、5%、10% 水平上显著。

表 5-4　各变量的 Spearman 相关系数

变量	R&D	FC	Subsidy	Exogfund	Debt	Equity
R&D	1					
FC	−0.478***	1				
Subsidy	0.477***	−0.215***	1			
Exogfund	0.053***	−0.096***	0.064***	1		
Debt	0.045***	−0.031	0.019	0.130***	1	
Equity	0.068***	−0.062***	0.096***	0.585***	−0.029*	1
Growth	0.145***	0.023	0.069***	0.172***	0.080***	0.164***
Collateral	−0.137***	−0.026	−0.078***	−0.148***	−0.077***	−0.196***
Leverage	0.121***	−0.072***	0.030*	0.115**	0.116***	−0.149***
Competition	0.089***	−0.022	0.144***	−0.092***	−0.029*	−0.010

续表

变量	Growth	Collateral	Leverage	Competition
Growth	1			
Collateral	−0.084***	1		
Leverage	0.178***	0.135***	1	
Competition	−0.056***	−0.128***	−0.229***	1

注：***、**、* 分别表示在1%、5%、10%水平上显著。

经回归共线性诊断计算得出自变量矩阵的条件指数为6.08（Subsidy为解释变量）、6.54（Subsidy和Exogfund为解释变量）、6.13（Subsidy和Debt为解释变量）、6.74（Subsidy和Equity为解释变量）、6.55（Subsidy、Exogfund和Subsidy×Exogfund为解释变量）、6.77（Subsidy、Debt、Equity和Subsidy×Debt为解释变量）和6.78（Subsidy、Debt、Equity和Subsidy×Equity为解释变量），均小于30，表明本章回归模型所涉及的自变量之间不存在多重共线性问题。

第二节　政府补助的信号传递作用

一、假设提出

科技型企业与外部投资者的信息不对称问题更为严重，企业的融资约束问题也更为突出。传递信号能够减少不对称信息。早期的信号传递理论主要用于研究企业支付股利信息的市场反应（Bhattacharya，1979）。随后财务学家们将信号传递理论应用到各种财务行为中。信号传递理论认为，企业管理者拥有较为充分的信息，他们通过某些行为向拥有较少信息的外部投资者传递有效信号，帮助外部投资者判断企业目前的经营状况以及未来的发展前景，从而避免逆向选择等问题的发生。

企业、外部投资者以及政府之间存在信号传递现象。政府是外部投资者获取企业信息的渠道之一。政府补助能够向外部投资者传递正向信号（高艳慧等，2012；郭玥，2018；Kleer，2010；Berlinger 等，2017；Wu，2017）。政府在为企业提供补助前，会进行信息的收集、比较和分析，选择对社会更有益、更有发展前景的项目进行扶持，因此，政府对企业投资项目的补助可以看作是对该项目、该企业的肯定。在其他条件相同的情况下，外部投资者更倾向于投资获得政府补助的企业。对于谨慎披露研发项目信息的科技型企业，政府更是外部投资者获得企业信息的重要渠道。外部投资者通过政府行为获得关于科技型企业的更多信息，降低了外部投资者与科技型企业之间的信息不对称，从而增加企业外源融资的可得性。且政府对科技型企业补助越多，政府补助向外部投资者传递的正向信号被认为更加有效，企业获得的外源融资会更多。本章提出如下假设：

假设 5：政府补助能够发挥信号传递作用，即政府补助越多，科技型企业获得的外源融资越多。

较多学者关注政府补助对银行贷款的信号传递作用（高艳慧等，2012；申香华，2015；Carboni，2011；Meuleman 和 Maeseneire，2012；Wu，2017；Yan 和 Li, 2018）。高艳慧等（2012）、Wu（2017）进一步研究表明，政府补助对银行贷款的信号传递作用仅在非国有企业以及市场化程度较低的地区显著。申香华（2015）以上市公司作为研究样本，得出对于非国有企业，政府补助增加企业融资规模的作用更显著，以及对于国有企业，政府补助降低企业融资成本的作用更显著的结论。政府补助对长期贷款和短期贷款的信号传递作用存在差异，朱治理等（2016）认为政府补助对银行短期贷款的信号传递作用更强。Meuleman 和 Maeseneire（2012）利用比利时的企业数据进行研究，则得出政府补助能够帮助企业更好获得长期贷款的结论。

科技型企业在债权融资过程中，债权人无法控制债权债务关系形成后的资金风险水平，且研发活动作为科技型企业的主要活动具有较大的不确定性，债权人会在事前要求较高的利率，随着利率水平的提高，"好"企业被挤出市场，市场债务违约率提高，风险溢价进一步提高，形成恶性循环。政府补助能够帮助债权人识别出"好"企业，引导债权人向"好"企业提供资金。同时，政府补助会被认为是一种隐性担保（孙铮等，2006），能够提高债权人对被补助企业的信任度，降低对企业信贷风险的预期，从而降低企业贷款利率（申香华，2015；Lim 等，2018；孙铮等，2006）。本章提出假设：

假设 5a：政府补助越多，科技型企业获得的债权融资越多。

有学者研究政府补助对风险投资的信号传递作用。傅利平和李小静（2014）的研究表明，政府补助信号被外部投资者接收，有助于被补助企业获得更多风险投资。而朱治理等（2016）则认为政府补助对风险投资的信号传递作用不显著。

科技型企业在股权融资过程中，企业经营者相较外部投资者更为了解企业研发项目的真实状况，当企业价值被外界高估时，经营者倾向于进行股权融资，导致"好"企业遭受市场淘汰，"劣"企业逐渐占领市场。研发投资比一般投资风险更大，一旦科技型企业研发成功，企业获得的收益是非常巨大的。政府补助能够帮助投资者识别出"好"企业，引导投资者入股"好"企业，以期获得更高的投资回报。本章提出假设：

假设 5b：政府补助越多，科技型企业获得的股权融资越多。

二、模型设定

为检验政府补助的信号传递作用，即政府补助能否通过向外部投资者传递正向信号，增加科技型企业的外源融资，建立如下回归模型：

$$Exogfund_{it} = \alpha + \beta_1 Subsidy_{it} + \beta_2 CV_{it} + d_t + d_i + d_r + \lambda_i + \varepsilon_{it} \quad (5-1)$$

为进一步检验政府补助的信号传递作用是否体现在增加科技型企业的债权融资和股权融资上，建立如下回归模型：

$$Debt_{it} = \alpha + \beta_1 Subsidy_{it} + \beta_2 CV_{it} + d_t + d_i + d_r + \lambda_i + \varepsilon_{it} \quad (5-2)$$

$$Equity_{it} = \alpha + \beta_1 Subsidy_{it} + \beta_2 CV_{it} + d_t + d_i + d_r + \lambda_i + \varepsilon_{it} \quad (5-3)$$

其中，α 为常数项，β 为变量的相关系数，d_t、d_i、d_r 分别为对时间、行业、地区的控制，λ_i 为个体效应，ε_{it} 为误差项，CV_{it} 为控制变量，包括成长性（Growth）、担保能力（Collateral）、财务杠杆（Leverage）以及产品市场竞争（Competition）。

政府补助的规模会受到企业财务状况的影响。外源融资（Exogfund）、债权融资（Debt）、股权融资（Equity）、担保能力（Collateral）、财务杠杆（Leverage）等都能够反映企业的财务状况。上述模型存在内生性问题。为解决内生性问题，选择平均政府补助（AverageSubsidy）为工具变量，运用两阶段回归方法（2SLS）对上述模型进行回归。平均政府补助（AverageSubsidy）是同一行业、同一城市企业获得的平均政府补助的自然对数。平均政府补助（AverageSubsidy）与政府补助（Subsidy）相关，且外生于企业的财务状况,是合适的工具变量。

为保障模型参数估计量的有效性、统计检验的有效性,对模型进行异方差性检验,如果存在异方差性,采用异方差稳健推断方法,求得稳健性标准误,在此基础上构建稳健性 t 统计量,从而进行稳健性 t 检验。

三、实证结果

政府补助对科技型企业外源融资的回归结果如表 5-5 所示。结果显示,政府补助的系数均为正数,且均在 1% 的水平下显著,科技型企业获得的政府补助越多,企业获得的外源融资越多,表明政府补助发挥着信号传递作用,不拒绝假设 5。同时也表明式(5-1)的回归结果是稳健的,并不会随控制变量的引入而发生变化。2SLS 回归的 R^2 不具有统计学意义,取值也不局限于 0 和 1 之间,虽然表 5-5 回归结果中的 R^2 较小,但并不影响回归结果的可信度。

表 5-5 政府补助对科技型企业外源融资回归结果

变量			式(5-1)		
Subsidy	5.6648***	5.5999***	4.2098***	4.5765***	4.3376***
	(3.63)	(3.58)	(2.77)	(3.11)	(2.94)
Growth		-0.0613**	-0.0760***	0.0094	-0.0004
		(-2.28)	(-2.78)	(0.37)	(-0.01)
Collateral			-2.3489***	-1.9430***	-1.9062***
			(-14.53)	(-12.66)	(-12.56)
Leverage				-1.3731***	-1.4130***
				(-11.36)	(-11.71)
Competition					-0.9850**
					(-2.22)
控制时间	YES	YES	YES	YES	YES

续表

变量	式（5-1）				
控制行业	YES	YES	YES	YES	YES
控制地区	YES	YES	YES	YES	YES
R^2	0.0979	0.0992	0.1577	0.2038	0.2058
F	0.0000	0.0000	0.0000	0.0000	0.0000
Obs.	4101	4101	4101	4101	4101

注：括号中数字为 t 检验值，*** 表示 $p<0.01$，** 表示 $p<0.05$，* 表示 $p<0.10$。样本数据中有 4108 个观测变量有外源融资数据，在这 4108 个观测变量中有 7 个企业只有一年的数据，因此回归结果中的观测变量数为 4101。

政府补助对科技型企业债权融资的回归结果如表 5-6 所示。逐步引入控制变量进行回归，政府补助的系数均不显著，表明政府补助的增加并不能增加科技型企业获得的债权融资，拒绝假设 5a。

表 5-6 政府补助对科技型企业债权融资回归结果

变量	式（5-2）				
Subsidy	−0.0775	−0.0646	−0.1207	−0.1583	−0.1304
	（−0.22）	（−0.19）	（−0.35）	（−0.46）	（−0.38）
Growth		0.0161***	0.0156***	0.0067	0.0077
		（3.09）	（3.01）	（1.26）	（1.46）
Collateral			−0.0854**	−0.1286***	−0.1328***
			（−2.24）	（−3.32）	（−3.42）
Leverage				0.1479***	0.1532***
				（6.43）	（6.60）
Competition					0.1157
					（1.26）
控制时间	YES	YES	YES	YES	YES
控制行业	YES	YES	YES	YES	YES
控制地区	YES	YES	YES	YES	YES

续表

变量	式（5-2）				
R^2	0.0060	0.0109	0.0144	0.0391	0.0404
F	0.0124	0.0010	0.0005	0.0000	0.0000
Obs.	3868	3868	3868	3868	3868

注：括号中数字为t检验值，*** 表示 p<0.01，** 表示 p<0.05，* 表示 p<0.10。样本数据中有3875个观测变量有债权融资数据，在这3875个观测变量中有7个企业只有一年的数据，因此回归结果中的观测变量数为3868。

政府补助对科技型企业股权融资的回归结果如表5-7所示。逐步引入控制变量进行回归，结果显示，政府补助的系数均显著为正，随着科技型企业获得政府补助的增加，企业获得的股权融资也增加，表明政府补助的信号传递作用主要体现在增加科技型企业的股权融资方面，不拒绝假设5b。同时也表明式（5-3）的回归结果是稳健的，并不会随控制变量的引入而发生变化。

表5-7 政府补助对科技型企业股权融资回归结果

变量	式（5-3）				
Subsidy	5.6371***	5.6526***	4.2026**	4.7357***	4.4261***
	（3.29）	（3.30）	（2.54）	（3.07）	（2.86）
Growth		0.0144	−0.0029	0.1288***	0.1163***
		（0.44）	（−0.09）	（4.19）	（3.71）
Collateral			−2.4885***	−1.8652***	−1.8191***
			（−14.18）	（−11.72）	（−11.54）
Leverage				−2.1187***	−2.1690***
				（−17.77）	（−18.23）
Competition					−1.2270***
					（−2.71）

续表

变量	式（5-3）				
控制时间	YES	YES	YES	YES	YES
控制行业	YES	YES	YES	YES	YES
控制地区	YES	YES	YES	YES	YES
R^2	0.1054	0.1055	0.1631	0.2576	0.2603
F	0.0000	0.0000	0.0000	0.0000	0.0000
Obs.	4158	4158	4158	4158	4158

注：括号中数字为 t 检验值，*** 表示 p<0.01，** 表示 p<0.05，* 表示 p<0.10。2SLS 回归自动把只有一年数据的样本忽略，样本中有 5 个企业只有一年的数据，因此回归结果中的观测变量数为 4158。

四、稳健性检验

本章选用创业板上市企业数据研究政府补助的信号传递作用，而创业板上市企业样本量有限，因此用自助法（Bootstrap）重新对样本数据进行回归，抽样次数为 500 次，得到更加渐近有效的统计量，进行稳健性检验。自助法下，各模型回归的系数不变，t 统计量会比原有的 t 统计量更有效。自助法稳健性检验回归结果如表 5-8、表 5-9 和表 5-10 所示。表中模型主要解释变量的 t 统计值有所下降，但各系数的显著性不变，表明表 5-5、表 5-6 和表 5-7 的回归结果是稳健的。

表 5-8　政府补助对科技型企业外源融资稳健性回归结果

变量	式（5-1）				
Subsidy	5.6648***	5.5999***	4.2098***	4.5765***	4.3376***
	（3.50）	（3.58）	（2.74）	（3.00）	（2.96）
Growth		−0.0613**	−0.0760**	0.0094	−0.0004
		（−2.22）	（−2.49）	（0.38）	（−0.01）
Collateral			−2.3489***	−1.9430***	−1.9062***
			（−14.11）	（−12.05）	（−12.15）
Leverage				−1.3731***	−1.4130***
				（−11.41）	（−11.79）
Competition					−0.9850**
					（−2.19）
控制时间	YES	YES	YES	YES	YES
控制行业	YES	YES	YES	YES	YES
控制地区	YES	YES	YES	YES	YES
R^2	0.0979	0.0992	0.1577	0.2038	0.2058
F	0.0000	0.0000	0.0000	0.0000	0.0000
Obs.	4108	4108	4108	4108	4108

注：括号中数字为 t 检验值，*** 表示 p<0.01，** 表示 p<0.05，* 表示 p<0.10。

表 5-9　政府补助对科技型企业债权融资稳健性回归结果

变量	式（5-2）				
Subsidy	−0.0775	−0.0646	−0.1207	−0.1583	−0.1304
	（−0.21）	（−0.18）	（−0.34）	（−0.46）	（−0.35）
Growth		0.0161***	0.0156***	0.0067	0.0077
		（2.88）	（3.01）	（1.24）	（1.39）
Collateral			−0.0854**	−0.1286***	−0.1328***
			（−1.97）	（−3.04）	（−3.21）
Leverage				0.1479***	0.1532***
				（5.88）	（6.58）

续表

变量			式（5-2）		
Competition					0.1157
					（1.30）
控制时间	YES	YES	YES	YES	YES
控制行业	YES	YES	YES	YES	YES
控制地区	YES	YES	YES	YES	YES
R^2	0.0060	0.0109	0.0144	0.0391	0.0404
F	0.0124	0.0010	0.0005	0.0000	0.0000
Obs.	3875	3875	3875	3875	3875

注：括号中数字为 t 检验值，*** 表示 $p<0.01$，** 表示 $p<0.05$，* 表示 $p<0.10$。

表 5-10 政府补助对科技型企业股权融资稳健性回归结果

变量			式（5-3）		
Subsidy	5.6371***	5.6526***	4.2026**	4.7357***	4.4261***
	（3.18）	（3.32）	（2.53）	（2.88）	（2.71）
Growth		0.0144	−0.0029	0.1288***	0.1163***
		（0.44）	（−0.09）	（3.85）	（3.63）
Collateral			−2.4885***	−1.8652***	−1.8191***
			（−13.73）	（−11.38）	（−11.54）
Leverage				−2.1187***	−2.1690***
				（−17.76）	（−18.17）
Competition					−1.2270***
					（−2.71）
控制时间	YES	YES	YES	YES	YES
控制行业	YES	YES	YES	YES	YES
控制地区	YES	YES	YES	YES	YES
R^2	0.1054	0.1055	0.1631	0.2576	0.2603
F	0.0000	0.0000	0.0000	0.0000	0.0000
Obs.	4163	4163	4163	4163	4163

注：括号中数字为 t 检验值，*** 表示 $p<0.01$，** 表示 $p<0.05$，* 表示 $p<0.10$。

由于研发投入的高延续性,科技型企业长期借款对研发投入的影响可能更为重要,本节把回归模型中的债权融资(Debt)变量定义为企业长期借款变化额占营业总收入的百分比。考虑到短期借款也是科技型企业经营活动的重要资金来源,将债权融资的定义调整为企业借款总额的变化额占营业总收入的百分比,重新对式(5-2)进行回归分析,回归结果如表5-11所示。调整债权融资变量定义后,与表5-6的回归结果一致,即政府补助的增加并不能增加科技型企业获得的债权融资。表明本节式(5-2)的回归结果是稳健的。

表5-11 政府补助对科技型企业债权融资稳健性回归结果(调整变量定义)

变量	式(5-2)				
Subsidy	0.5883	0.6427	0.6748	0.5401	0.6071
	(1.17)	(1.29)	(1.36)	(1.14)	(1.28)
Growth		0.0506***	0.0510***	0.0177	0.0204*
		(4.45)	(4.48)	(1.49)	(1.74)
Collateral			0.0551	−0.1023**	−0.1123**
			(1.07)	(−2.01)	(−2.20)
Leverage				0.5352***	0.5460***
				(14.97)	(15.03)
Competition					0.2652**
					(2.02)
控制时间	YES	YES	YES	YES	YES
控制行业	YES	YES	YES	YES	YES
控制地区	YES	YES	YES	YES	YES
R^2	0.0130	0.0262	0.0266	0.1250	0.1271
F	0.0000	0.0000	0.0000	0.0000	0.0000
Obs.	3868	3868	3868	3868	3868

注:括号中数字为t检验值,*** 表示 $p<0.01$,** 表示 $p<0.05$,* 表示 $p<0.10$。样本数据中有3875个观测变量有债权融资数据,在这3875个观测变量中有7个企业只有一年的数据,因此回归结果中的观测变量数为3868。

第三节　信号传递在政府补助缓解企业融资约束中的中介机制

一、假设提出

Takalo 和 Tanayama（2008）通过博弈分析得出，在一定条件下，政府补助能够缓解科技型企业融资约束的结论。他们指出，政府补助主要通过两个方面缓解企业融资约束：一是减少科技型企业的市场资金需求，降低企业的融资成本；二是向企业的外部投资者传递正向信号，增加企业外源融资。本章第二节通过实证分析，得出政府补助能够发挥信号传递作用，增加科技型企业外源融资，其中政府补助显著增加科技型企业股权融资，政府补助对科技型企业债权融资的作用不显著。本节进一步探讨政府补助能否通过发挥信号传递作用缓解科技型企业融资约束，即信号传递能否在政府补助缓解企业融资约束中发挥中介机制作用。结合本章第二节的研究结论，本节提出以下假设：

假设 6：信号传递在政府补助对科技型企业融资约束的缓解作用中发挥中介机制作用，即政府补助通过增加科技型企业外源融资从而缓解企业融资约束。

假设 6a：政府补助通过增加科技型企业股权融资从而缓解企业融资约束。

本章第二节已通过实证分析得出政府补助的增加并不会增加科技型企业债权融资的结论。而政府补助能够显著增加科技型企业获得的债权融资是检验政府补助能否通过增加科技型企业债权融资从而缓解企业融资约束的条件之一，因此本节不提出相关假设。

二、模型设定

为检验信号传递的中介机制，本章选用中介作用模型，具体的基础模型见第四章式（4-8）、式（4-9）和式（4-10）。检验假设6时，自变量 X 指的是政府补助（Subsidy），因变量 Y 指的是融资约束（FC），中介变量 I 指的是外源融资（Exogfund）。因此，中介作用模型可以表示为：

$$FC_{it} = \beta_{0(1)} + \tau Subsidy_{it} + \gamma_{1(1)} CV_{it} + d_t + d_i + d_r + \lambda_i + \varepsilon_{it} \quad (5-4)$$

$$FC_{it} = \beta_{0(2)} + \tau' Subsidy_{it} + \beta Exogfund_{it} + \gamma_{1(2)} CV_{it} + d_t + d_i + d_r + \lambda_i + \varepsilon_{it} \quad (5-5)$$

$$Exogfund_{it} = \beta_{0(3)} + \alpha Subsidy_{it} + \gamma_{1(3)} CV_{it} + d_t + d_i + d_r + \lambda_i + \varepsilon_{it} \quad (5-6)$$

其中，CV_{it} 为控制变量，包括成长性（Growth）、担保能力（Collateral）、财务杠杆（Leverage）以及产品市场竞争（Competition）。式（5-4）与第四章式（4-2）相同，式（5-6）与式（5-1）相同。

检验假设6a时，自变量 X 指的是政府补助（Subsidy），因变量 Y 指的是融资约束（FC），中介变量 I 指的是股权融资（Equity）。因此，中介作用模型可以表示为：

$$FC_{it} = \beta_{0(1)} + \tau Subsidy_{it} + \gamma_{1(1)} CV_{it} + d_t + d_i + d_r + \lambda_i + \varepsilon_{it} \quad (5-7)$$

$$FC_{it} = \beta_{0(2)} + \tau' Subsidy_{it} + \beta Equity_{it} + \gamma_{1(2)} CV_{it} + d_t + d_i + d_r + \lambda_i + \varepsilon_{it} \quad (5-8)$$

$$Equity_{it} = \beta_{0(3)} + \alpha Subsidy_{it} + \gamma_{1(3)} CV_{it} + d_t + d_i + d_r + \lambda_i + \varepsilon_{it} \quad (5-9)$$

其中，CV_{it} 为控制变量，包括成长性（Growth）、担保能力（Collateral）、

财务杠杆（*Leverage*）以及产品市场竞争（*Competition*）。式（5-7）与第四章式（4-2）相同，式（5-9）与式（5-3）相同。

政府补助的规模受到企业财务状况的影响。其中，外源融资（*Exogfund*）、债权融资（*Debt*）、股权融资（*Equity*）、担保能力（*Collateral*）、财务杠杆（*Leverage*）等都能够反映企业的财务状况。为解决内生性问题，本节选择平均政府补助（*AverageSubsidy*）为工具变量，运用两阶段回归方法（2SLS）对上述模型进行回归。平均政府补助（*AverageSubsidy*）与政府补助（*Subsidy*）相关，且外生于企业的财务状况，是合适的工具变量。

为保障模型参数估计量的有效性、统计检验的有效性，对模型进行异方差性检验，如果存在异方差性，采用异方差稳健推断方法，求得稳健性标准误，在此基础上构建稳健性 t 统计量，从而进行稳健性 t 检验。

三、实证结果

式（5-4）的回归结果见第四章表4-5，式（5-5）的回归结果见表5-12，式（5-6）的回归结果见本章第二节表5-5。表5-12回归结果中，政府补助（*Subsidy*）的系数为负，在1%水平下显著，外源融资（*Exogfund*）的系数为负，在1%水平下显著，表明随着科技型企业获得政府补助的增加，企业融资约束缓解；随着科技型企业获得外源融资的增加，企业融资约束缓解。逐步引入控制变量进行回归，表5-12中政府补助（*Subsidy*）和外源融资（*Exogfund*）的系数方向及显著性不变，表明回归结果是稳健的，并不会随控制变量的引入而发生变化。

表 5-12　政府补助、外源融资与科技型企业融资约束回归结果

变量	式（5-5）				
Subsidy	−0.0057***	−0.0059***	−0.0051***	−0.0054***	−0.0056***
	(−2.88)	(−2.96)	(−2.61)	(−2.86)	(−2.93)
Exogfund	−0.0005***	−0.0005***	−0.0004***	−0.0004***	−0.0004***
	(−19.26)	(−19.57)	(−18.22)	(−17.05)	(−16.97)
Growth		−0.0001***	−0.0001***	−0.0002***	−0.0002***
		(−4.34)	(−4.00)	(−5.44)	(−5.55)
Collateral			0.0019***	0.0017***	0.0017***
			(10.52)	(9.47)	(9.59)
Leverage				0.0009***	0.0009***
				(7.80)	(7.52)
Competition					−0.0006
					(−1.44)
控制时间	YES	YES	YES	YES	YES
控制行业	YES	YES	YES	YES	YES
控制地区	YES	YES	YES	YES	YES
R^2	0.9065	0.9074	0.9110	0.9130	0.9131
F	0.0000	0.0000	0.0000	0.0000	0.0000
Obs.	4101	4101	4101	4101	4101

注：括号中数字为 t 检验值，*** 表示 $p<0.01$，** 表示 $p<0.05$，* 表示 $p<0.10$。样本数据中有 4108 个观测变量有外源融资数据，在这 4108 个观测变量中有 7 个企业只有一年的数据，因此回归结果中的观测变量数为 4101。

第四章表 4-5 回归结果表明政府补助能够显著缓解科技型企业融资约束，即自变量显著影响因变量。表 5-5 回归结果表明政府补助的增加能够显著增加科技型企业外源融资，即自变量显著影响中介变量。表 5-12 回归结果表明外源融资的增加显著缓解科技型企业融资约束，式（5-5）中政府补助（Subsidy）的系数小于式（5-4）中政府补助（Subsidy）的系数，即中介变量有助于预测因变量。中介机制的三个条件同时满足，表明信号传递（增加外源融资）在政府补助促进科技型企

业研发投入的过程中发挥着中介机制作用，不拒绝假设6。表5-12中政府补助（Subsidy）的系数显著，表明政府补助并不是完全通过发挥信号传递作用来缓解科技型企业融资约束。政府补助还可以通过减少科技型企业的市场资金需求等方式缓解企业融资约束。

通过计算$1-\frac{\hat{\tau}'}{\hat{\tau}}$［其中，$\hat{\tau}'$为式（5-5）中政府补助（Subsidy）的系数；$\hat{\tau}$为式（5-4）中政府补助（Subsidy）的系数］，得到信号传递（增加外源融资）在解释政府补助对科技型企业融资约束的缓解作用中所占的比重为24.32%。

式（5-7）的回归结果见第四章表4-5，式（5-8）的回归结果见表5-13，式（5-9）的回归结果见本章第二节表5-7。表5-13回归结果中，政府补助（Subsidy）的系数为负，在1%水平下显著，股权融资（Equity）的系数为负，在1%水平下显著，表明随着科技型企业获得政府补助的增加，企业融资约束缓解；随着科技型企业获得股权融资的增加，企业融资约束缓解。逐步引入控制变量进行回归，表5-13中政府补助（Subsidy）和股权融资（Equity）的系数方向及显著性不变，表明回归结果是稳健的，并不会随控制变量的引入而发生变化。

第四章表4-5回归结果表明政府补助能够显著缓解科技型企业融资约束，即自变量显著影响因变量。表5-7回归结果表明政府补助的增加能够显著增加科技型企业股权融资，即自变量显著影响中介变量。表5-13回归结果表明股权融资的增加显著缓解科技型企业融资约束，式（5-8）中政府补助（Subsidy）的系数小于式（5-7）中政府补助（Subsidy）的系数，即中介变量有助于预测因变量。中介机制的三个条件同时满足，表明增加股权融资在政府补助缓解科技型企业融资约束中发

表 5-13　政府补助、股权融资与科技型企业融资约束回归结果

变量			式（5-8）		
Subsidy	−0.0061***	−0.0062***	−0.0054***	−0.0057***	−0.0058***
	（−3.11）	（−3.17）	（−2.81）	（−3.00）	（−3.06）
Equity	−0.0005***	−0.0005***	−0.0004***	−0.0004***	−0.0004***
	（−21.11）	（−21.21）	（−19.18）	（−16.67）	（−16.64）
Growth		−0.0001***	−0.0001**	−0.0001***	−0.0001***
		（−2.87）	（−2.56）	（−3.55）	（−3.66）
Collateral			0.0019***	0.0018***	0.0018***
			（10.37）	（9.80）	（9.90）
Leverage				0.0006***	0.0006***
				（5.35）	（5.09）
Competition					−0.0005
					（−1.20）
控制时间	YES	YES	YES	YES	YES
控制行业	YES	YES	YES	YES	YES
控制地区	YES	YES	YES	YES	YES
R^2	0.9057	0.9061	0.9097	0.9107	0.9108
F	0.0000	0.0000	0.0000	0.0000	0.0000
Obs.	4158	4158	4158	4158	4158

注：括号中数字为 t 检验值，*** 表示 p<0.01，** 表示 p<0.05，* 表示 p<0.10。2SLS 回归自动把只有一年数据的样本忽略，样本中有 5 个企业只有一年的数据，因此回归结果中的观测变量数为 4158。

挥着中介机制作用，不拒绝假设 6a。表 5-13 中政府补助（Subsidy）的系数显著，表明政府补助并不是完全通过增加科技型企业股权融资来缓解企业融资约束。政府补助还可以通过减少科技型企业的市场资金需求等方式缓解企业融资约束。

通过计算 $1-\dfrac{\hat{\tau}'}{\hat{\tau}}$［其中，$\hat{\tau}'$为式（5-8）中政府补助（Subsidy）的系数；$\hat{\tau}$为式（5-7）中政府补助（Subsidy）的系数］，得到增加股权融资在

解释政府补助对科技型企业融资约束缓解作用中所占的比重为21.62%。

四、稳健性检验

本节用自助法（Bootstrap）重新对样本数据进行回归，抽样次数为500次，得到更加渐近有效的统计量，进行稳健性检验。自助法下，各模型回归的系数不变，t统计量会比原有的t统计量更有效。自助法稳健性检验回归结果如表5-14和表5-15所示。表中各模型主要解释变量的t统计值有所下降，但各系数依然显著，显著性不变，表明本节的回归结果是稳健的。

表5-14 政府补助、外源融资与科技型企业融资约束稳健性回归结果

变量	式（5-5）				
Subsidy	−0.0057***	−0.0059***	−0.0051**	−0.0054***	−0.0056***
	（−2.63）	（−2.85）	（−2.43）	（−2.71）	（−2.99）
Exogfund	−0.0005***	−0.0005***	−0.0004***	−0.0004***	−0.0004***
	（−18.74）	（−18.94）	（−18.73）	（−16.01）	（−16.07）
Growth		−0.0001***	−0.0001***	−0.0002***	−0.0002***
		（−4.17）	（−3.91）	（−5.15）	（−5.54）
Collateral			0.0019***	0.0017***	0.0017***
			（9.92）	（8.66）	（8.91）
Leverage				0.0009***	0.0009***
				（7.11）	（6.75）
Competition					−0.0006
					（−1.26）
控制时间	YES	YES	YES	YES	YES
控制行业	YES	YES	YES	YES	YES
控制地区	YES	YES	YES	YES	YES
R^2	0.9065	0.9074	0.9110	0.9130	0.9131
F	0.0000	0.0000	0.0000	0.0000	0.0000
Obs.	4101	4101	4108	4108	4108

注：括号中数字为t检验值，*** 表示 $p<0.01$，** 表示 $p<0.05$，* 表示 $p<0.10$。

表 5-15　政府补助、股权融资与科技型企业融资约束稳健性回归结果

变量			式（5-8）		
Subsidy	−0.0061***	−0.0062***	−0.0054**	−0.0057***	−0.0058***
	（−2.87）	（−2.81）	（−2.55）	（−3.01）	（−2.90）
Equity	−0.0005***	−0.0005***	−0.0004***	−0.0004***	−0.0004***
	（−20.51）	（−20.34）	（−18.57）	（−17.20）	（−16.63）
Growth		−0.0001***	−0.0001**	−0.0001***	−0.0001***
		（−2.78）	（−2.35）	（−3.50）	（−3.68）
Collateral			0.0019***	0.0018***	0.0018***
			（9.71）	（9.49）	（9.01）
Leverage				0.0006***	0.0006***
				（5.02）	（5.03）
Competition					−0.0005
					（−1.11）
控制时间	YES	YES	YES	YES	YES
控制行业	YES	YES	YES	YES	YES
控制地区	YES	YES	YES	YES	YES
R^2	0.9057	0.9061	0.9097	0.9107	0.9108
F	0.0000	0.0000	0.0000	0.0000	0.0000
Obs.	4163	4163	4163	4163	4163

注：括号中数字为 t 检验值，*** 表示 p<0.01，** 表示 p<0.05，* 表示 p<0.10。

第四节　政府补助对企业研发融资的刺激作用

一、假设提出

国内外有大量关于政府补助对企业研发投入的研究。实证研究方面，国内学者们分别采用不同类型的企业作为数据样本，国外学者们分

别采用不同国家的数据作为样本,大部分都得出了政府补助能够促进企业研发投入的结论(解维敏等,2009;白俊红,2011;李永等,2013;陈远燕,2016;Holemans 和 Sleuwaegen,1988;Lee 和 Cin,2010)。除了实证分析,Berlinger 等(2017)、马文聪等(2017)通过博弈分析同样得出政府补助对企业研发投入有促进作用的结论。政府补助主要通过分担风险和缓解企业融资约束这两方面促进企业研发投入(朱云欢和张明喜,2010;Lee 和 Cin,2010;Romero-Jordán 等,2014)。在缓解企业融资约束从而促进企业研发投入方面,政府补助一方面直接增加了企业可用于研发活动的资金,另一方面通过信号传递作用增大企业为研发活动在市场上筹措资金的可能性。上两节的实证分析表明,政府补助发挥着信号传递作用,能够增加科技型企业外源融资(尤其是股权融资),并且政府补助能够通过发挥信号传递作用缓解科技型企业融资约束。本节进一步研究政府补助能否刺激外源融资对科技型企业研发投入的促进作用。本节提出假设:

假设7:政府补助的增加能够刺激外源融资对科技型企业研发投入的促进作用。

假设7a:政府补助的增加能够刺激债权融资对科技型企业研发投入的促进作用。

假设7b:政府补助的增加能够刺激股权融资对科技型企业研发投入的促进作用。

二、模型设定

为检验政府补助是否能通过信号传递作用增加科技型企业研发融

资，促进企业研发投入，建立如下回归模型：

$$R\&D_{it} = \alpha + \beta_1 Subsidy_{it} + \beta_2 Exogfound_{it} + \beta_3 Subsidy \times Exogfund_{it} + \beta_4 CV_{it} + d_t + d_i + d_r + \lambda_i + \varepsilon_{it} \quad (5\text{-}10)$$

$$R\&D_{it} = \alpha + \beta_1 Subsidy_{it} + \beta_2 Debt_{it} + \beta_3 Equity_{it} + \beta_4 Subsidy \times Debt_{it} + \beta_5 CV_{it} + d_t + d_i + d_r + \lambda_i + \varepsilon_{it} \quad (5\text{-}11)$$

$$R\&D_{it} = \alpha + \beta_1 Subsidy_{it} + \beta_2 Debt_{it} + \beta_3 Equity_{it} + \beta_4 Subsidy \times Equity_{it} + \beta_5 CV_{it} + d_t + d_i + d_r + \lambda_i + \varepsilon_{it} \quad (5\text{-}12)$$

其中，α 为常数项，β 为变量的相关系数，d_t、d_i、d_r 分别为对时间、行业、地区的控制，λ_i 为个体效应，ε_{it} 为误差项，CV_{it} 为控制变量，包括成长性（Growth）、担保能力（Collateral）、财务杠杆（Leverage）以及产品市场竞争（Competition）。

$Subsidy \times Exogfund_{it}$ 为政府补助（Subsidy）与外源融资（Exogfund）的交互项；$Subsidy \times Debt_{it}$ 为政府补助（Subsidy）与债权融资（Debt）的交互项；$Subsidy \times Equity_{it}$ 为政府补助（Subsidy）与股权融资（Equity）的交互项；为避免交互项与低次项之间的多重共线性问题，对交互项中的政府补助（Subsidy）、外源融资（Exogfund）、债权融资（Debt）以及股权融资（Equity）变量进行去中心化处理。如果式（5-10）中系数 β_3 显著为正，表明政府补助的增加能够刺激外源融资对科技型企业研发投入的促进作用。如果式（5-11）中系数 β_4 显著为正，表明政府补助的增加能够刺激债权融资对科技型企业研发投入的促进作用。同理，如果式（5-12）中系数 β_4 显著为正，表明政府补助的增加能够刺激股权融资对科技型企业研发投入的促进作用。

政府补助的规模除了受到企业财务状况的影响外，还受到企业创新能力的影响。其中，外源融资（*Exogfund*）、债权融资（*Debt*）、股权融资（*Equity*）、担保能力（*Collateral*）、财务杠杆（*Leverage*）等都能够反映企业的财务状况，企业研发投入（*R&D*）是企业创新能力的代理变量之一，因此上述模型均存在内生性问题。为解决内生性问题，选择平均政府补助（*AverageSubsidy*）为工具变量，运用两阶段回归方法（2SLS）对上述模型进行回归。平均政府补助（*AverageSubsidy*）与政府补助（*Subsidy*）相关，且外生于企业的财务状况和创新能力，是合适的工具变量。

为保障模型参数估计量的有效性、统计检验的有效性，对模型进行异方差性检验，如果存在异方差性，采用异方差稳健推断方法，求得稳健性标准误，在此基础上构建稳健性 t 统计量，从而进行稳健性 t 检验。

三、实证结果

政府补助、外源融资与科技型企业研发投入的回归结果，即式（5-10）的回归结果，如表 5-16 所示。逐步引入控制变量进行回归，政府补助（*Subsidy*）与外源融资（*Exogfund*）交互项的系数均显著为正，表明政府补助的增加能够刺激外源融资对科技型企业研发投入的促进作用。表 5-16 的回归结果是稳健的，并不会随控制变量的引入而发生变化。

政府补助、债权融资与科技型企业研发投入的回归结果，即式（5-11）的回归结果，如表 5-17 所示。逐步引入控制变量进行回归，政府补助（*Subsidy*）与债权融资（*Debt*）交互项的系数均为正，但从显著变为不显著，表明政府补助的增加能够刺激债权融资对科技型企业

表 5-16 政府补助、外源融资与科技型企业研发投入回归结果

变量	式（5-10）				
Subsidy	0.0865***	0.0875***	0.0845***	0.0815***	0.0815***
	（7.87）	（8.02）	（7.84）	（7.65）	（7.64）
Exogfund	−0.0001	−0.0001	−0.0003**	−0.00004	−0.00004
	（−1.06）	（−0.83）	（−2.55）	（−0.33）	（−0.33）
Subsidy× Exogfund	0.0003**	0.0003**	0.0003**	0.0002*	0.0002*
	（2.43）	（2.42）	（2.65）	（1.92）	（1.92）
Growth		0.0011***	0.0011***	0.0007***	0.0007***
		（5.47）	（5.26）	（3.53）	（3.49）
Collateral			−0.0072***	−0.0084***	−0.0084***
			（−7.07）	（−8.38）	（−8.39）
Leverage				0.0062***	0.0062***
				（8.16）	（8.17）
Competition					−0.0001
					（−0.04）
控制时间	YES	YES	YES	YES	YES
控制行业	YES	YES	YES	YES	YES
控制地区	YES	YES	YES	YES	YES
R^2	0.6858	0.6912	0.6968	0.7070	0.7070
F	0.0000	0.0000	0.0000	0.0000	0.0000
Obs.	4101	4101	4101	4101	4101

注：括号中数字为 t 检验值，*** 表示 p<0.01，** 表示 p<0.05，* 表示 p<0.10。样本数据中有 4108 个观测变量有外源融资数据，在这 4108 个观测变量中有 7 个企业只有一年的数据，因此回归结果中的观测变量数为 4101。

研发投入的促进作用这一回归结果并不是稳健的，拒绝假设 7a。

政府补助、股权融资与科技型企业研发投入的回归结果，即式（5-12）的回归结果，如表 5-18 所示。逐步引入控制变量进行回归，政府补助（Subsidy）与股权融资（Exogfund）交互项的系数均显著为正，表明

表 5-17　政府补助、债权融资与科技型企业研发投入回归结果

变量	式（5-11）				
Subsidy	0.0799***	0.0808***	0.0769***	0.0744***	0.0748***
	(6.90)	(7.05)	(6.84)	(6.70)	(6.72)
Debt	0.0011	0.0007	0.0003	−0.0006	−0.0006
	(1.27)	(0.82)	(0.40)	(−0.79)	(−0.82)
Equity	−0.0002	−0.0002*	−0.0003***	−0.00008	−0.00008
	(−1.52)	(−1.65)	(−3.27)	(−0.73)	(−0.70)
Subsidy× Debt	0.0013**	0.0010*	0.0009	0.0008	0.0008
	(2.12)	(1.75)	(1.63)	(1.40)	(1.39)
Growth		0.0012***	0.0011***	0.0008***	0.0008***
		(5.44)	(5.33)	(3.77)	(3.79)
Collateral			−0.0073***	−0.0084***	−0.0085***
			(−7.39)	(−8.58)	(−8.61)
Leverage				0.0057***	0.0058***
				(7.03)	(7.07)
Competition					0.0016
					(0.64)
控制时间	YES	YES	YES	YES	YES
控制行业	YES	YES	YES	YES	YES
控制地区	YES	YES	YES	YES	YES
R^2	0.6419	0.6490	0.6560	0.6651	0.6652
F	0.0000	0.0000	0.0000	0.0000	0.0000
Obs.	3868	3868	3868	3868	3868

注：括号中数字为 t 检验值，*** 表示 p<0.01，** 表示 p<0.05，* 表示 p<0.10。样本数据中有 3875 个观测变量有债权融资数据，在这 3875 个观测变量中有 7 个企业只有一年的数据，因此回归结果中的观测变量数为 3868。

政府补助的增加能够刺激股权融资对科技型企业研发投入的促进作用。表 5-18 的回归结果是稳健的，并不会随控制变量的引入而发生变化。

表 5-18 政府补助、股权融资与科技型企业研发投入回归结果

变量	式（5-12）				
Subsidy	0.0805***	0.0814***	0.0774***	0.0749***	0.0753***
	（6.98）	（7.15）	（6.93）	（6.77）	（6.79）
Debt	0.0007	0.0004	0.00003	−0.0008	−0.0009
	（0.83）	（0.45）	（0.04）	（−1.06）	（−1.09）
Equity	−0.0002	−0.0002*	−0.0004***	−0.0001	−0.00009
	（−1.63）	（−1.75）	（−3.43）	（−0.89）	（−0.86）
Subsidy× Equity	0.0003***	0.0002***	0.0003***	0.0002**	0.0002**
	（2.76）	（2.59）	（2.72）	（2.17）	（2.19）
Growth		0.0011***	0.0011***	0.0008***	0.0008***
		（5.40）	（5.28）	（3.75）	（3.78）
Collateral			−0.0075***	−0.0085***	−0.0086***
			（−7.55）	（−8.71）	（−8.74）
Leverage				0.0056***	0.0057***
				（6.91）	（6.97）
Competition					0.0018
					（0.73）
控制时间	YES	YES	YES	YES	YES
控制行业	YES	YES	YES	YES	YES
控制地区	YES	YES	YES	YES	YES
R^2	0.6433	0.6501	0.6574	0.6661	0.6662
F	0.0000	0.0000	0.0000	0.0000	0.0000
Obs.	3868	3868	3868	3868	3868

注：括号中数字为 t 检验值，*** 表示 p<0.01，** 表示 p<0.05，* 表示 p<0.10。样本数据中有 3875 个观测变量有债权融资数据，在这 3875 个观测变量中有 7 个企业只有一年的数据，因此回归结果中的观测变量数为 3868。

本章第二节表 5-5、表 5-6 和表 5-7 的回归结果表明政府补助能够向外部投资者传递正向信号，增加科技型企业的外源融资。其中，政府补助能够增加科技型企业的股权融资，但并不能增加其债权融资。表 5-16、表 5-17 和表 5-18 的回归结果表明政府补助的增加能够刺激外源融资对科技型企业研发投入的促进作用。其中，政府补助能够刺激股权融资对科技型企业研发投入的促进作用，但并不能刺激债权融资对科技型企业研发投入的促进作用。可见，本章的回归结果是一致的，信号传递在政府补助促进科技型企业研发投入中发挥着深层机制作用，主要表现为：①政府补助能够发挥信号传递作用，显著增加科技型企业获得的外源融资（尤其是股权融资）；②政府补助能够通过发挥信号传递作用（增加企业外源融资，尤其是股权融资）缓解科技型企业融资约束；③政府补助能够刺激外源融资（尤其是股权融资）对科技型企业研发投入的促进作用。

四、稳健性检验

本节用自助法（Bootstrap）重新对样本数据进行回归，抽样次数为 500 次，得到更加渐近有效的统计量，进行稳健性检验。自助法下，各模型回归的系数不变，t 统计量会比原有的 t 统计量更有效。自助法稳健性检验回归结果如表 5-19、表 5-20 和表 5-21 所示。表中各模型主要解释变量的 t 统计值有所下降，但各系数依然显著，显著性不变，表明本节的回归结果是稳健的。

表 5-19 政府补助、外源融资与科技型企业研发投入稳健性回归结果

变量	式（5-10）				
Subsidy	0.0865***	0.0875***	0.0845***	0.0815***	0.0815***
	（6.89）	（7.51）	（7.21）	（7.16）	（7.33）
Exogfund	−0.0001	−0.0001	−0.0003**	−0.00004	−0.00004
	（−1.11）	（−0.78）	（−2.45）	（−0.31）	（−0.30）
Subsidy× Exogfund	0.0003**	0.0003**	0.0003***	0.0002*	0.0002*
	（2.26）	（2.13）	（2.67）	（1.75）	（1.77）
Growth		0.0011***	0.0011***	0.0007***	0.0007***
		（5.08）	（5.40）	（3.26）	（3.43）
Collateral			−0.0072***	−0.0084***	−0.0084***
			（−6.48）	（−7.69）	（−7.91）
Leverage				0.0062***	0.0062***
				（7.13）	（7.69）
Competition					−0.0001
					（−0.04）
控制时间	YES	YES	YES	YES	YES
控制行业	YES	YES	YES	YES	YES
控制地区	YES	YES	YES	YES	YES
R^2	0.6858	0.6912	0.6968	0.7070	0.7070
F	0.0000	0.0000	0.0000	0.0000	0.0000
Obs.	4108	4108	4108	4108	4108

注：括号中数字为 t 检验值，*** 表示 p<0.01，** 表示 p<0.05，* 表示 p<0.10。

考虑到短期借款也是科技型企业经营活动的重要资金来源，本节调整债权融资的定义为企业借款总额的变化额占营业总收入的百分比，重新对式（5-11）进行回归分析，回归结果如表 5-22 所示。调整债权融资变量定义后，与表 5-17 的回归结果一致，即政府补助不能起到刺激债权融资对科技型企业研发投入的促进作用。表明式（5-11）的回归结果

是稳健的。

表 5-20 政府补助、债权融资与科技型企业研发投入稳健性回归结果

变量	式（5-11）				
Subsidy	0.0799***	0.0808***	0.0769***	0.0744***	0.0748***
	（6.87）	（6.37）	（6.77）	（6.45）	（6.27）
Debt	0.0011	0.0007	0.0003	−0.0006	−0.0006
	（1.17）	（0.75）	（0.40）	（−0.74）	（−0.77）
Equity	−0.0002	−0.0002*	−0.0003***	−0.00008	−0.00008
	（−1.45）	（−1.57）	（−3.22）	（−0.67）	（−0.67）
Subsidy× Debt	0.0013*	0.0010	0.0009	0.0008	0.0008
	（1.86）	（1.47）	（1.42）	（1.20）	（1.14）
Growth		0.0012***	0.0011***	0.0008***	0.0008***
		（5.57）	（4.99）	（3.54）	（3.69）
Collateral			−0.0073***	−0.0084***	−0.0085***
			（−7.29）	（−8.11）	（−7.96）
Leverage				0.0057***	0.0058***
				（6.78）	（6.97）
Competition					0.0016
					（0.61）
控制时间	YES	YES	YES	YES	YES
控制行业	YES	YES	YES	YES	YES
控制地区	YES	YES	YES	YES	YES
R^2	0.6419	0.6490	0.6560	0.6651	0.6652
F	0.0000	0.0000	0.0000	0.0000	0.0000
Obs.	3875	3875	3875	3875	3875

注：括号中数字为 t 检验值，*** 表示 p<0.01，** 表示 p<0.05，* 表示 p<0.10。

表 5-21 政府补助、股权融资与科技型企业研发投入稳健性回归结果

变量	式(5-12)				
Subsidy	0.0805***	0.0814***	0.0774***	0.0749***	0.0753***
	(7.14)	(6.71)	(6.59)	(5.92)	(6.69)
Debt	0.0007	0.0004	0.00003	−0.0008	−0.0009
	(0.82)	(0.42)	(0.04)	(−0.96)	(−1.01)
Equity	−0.0002	−0.0002*	−0.0004***	−0.0001	−0.00009
	(−1.50)	(−1.66)	(−3.43)	(−0.85)	(−0.84)
Subsidy× Equity	0.0003**	0.0002**	0.0003**	0.0002**	0.0002**
	(2.35)	(2.42)	(2.65)	(2.02)	(2.03)
Growth		0.0011***	0.0011***	0.0008***	0.0008***
		(4.90)	(5.36)	(3.34)	(3.81)
Collateral			−0.0075***	−0.0085***	−0.0086***
			(−6.78)	(−8.26)	(−8.07)
Leverage				0.0056***	0.0057***
				(6.48)	(6.72)
Competition					0.0018
					(0.66)
控制时间	YES	YES	YES	YES	YES
控制行业	YES	YES	YES	YES	YES
控制地区	YES	YES	YES	YES	YES
R^2	0.6433	0.6501	0.6574	0.6661	0.6662
F	0.0000	0.0000	0.0000	0.0000	0.0000
Obs.	3875	3875	3875	3875	3875

注：括号中数字为 t 检验值，*** 表示 $p<0.01$，** 表示 $p<0.05$，* 表示 $p<0.10$。

表 5-22　政府补助、债权融资与科技型企业研发投入稳健性回归结果（调整变量定义）

变量	式（5-11）				
Subsidy	0.0809***	0.0821***	0.0792***	0.0754***	0.0759***
	（7.27）	（7.41）	（7.23）	（7.00）	（7.05）
Debt	−0.0002	−0.0002	−0.0002	−0.0003	−0.0002
	（−0.76）	（−0.67）	（−0.64）	（−0.82）	（−0.80）
Equity	−0.0002	−0.0002	−0.0003***	0.00003	0.00003
	（−1.51）	（−1.53）	（−3.06）	（0.24）	（0.29）
Subsidy×Debt	0.0006	0.0007	0.0007	0.0006	0.0006
	（1.51）	（1.61）	（1.64）	（1.55）	（1.54）
Growth		0.0011***	0.0010***	0.0006***	0.0006***
		（4.70）	（4.51）	（2.69）	（2.74）
Collateral			−0.0067***	−0.0077***	−0.0077***
			（−6.43）	（−7.52）	（−7.58）
Leverage				0.0067***	0.0068***
				（8.20）	（8.34）
Competition					0.0020
					（0.77）
控制时间	YES	YES	YES	YES	YES
控制行业	YES	YES	YES	YES	YES
控制地区	YES	YES	YES	YES	YES
R^2	0.6866	0.6913	0.6966	0.7074	0.7074
F	0.0000	0.0000	0.0000	0.0000	0.0000
Obs.	3868	3868	3868	3868	3868

注：括号中数字为 t 检验值，*** 表示 p<0.01，** 表示 p<0.05，* 表示 p<0.10。样本数据中有 3875 个观测变量有债权融资数据，在这 3875 个观测变量中有 7 个企业只有一年的数据，因此回归结果中的观测变量数为 3868。

第五节 本章小结

本章探讨信号传递的深层机制。本章以 2009~2017 年深圳创业板上市公司为研究样本，首先探讨政府补助能否发挥信号传递作用，增加科技型企业外源融资；其次探讨政府补助能否通过发挥信号传递作用缓解科技型企业融资约束；最后探讨政府补助能否刺激外源融资对科技型企业研发投入的促进作用。

本章通过实证分析，对上述问题进行研究，得出以下结论：

第一，政府补助能够发挥信号传递作用，增加科技型企业外源融资，其中显著增加科技型企业股权融资，对科技型企业债权融资的增加作用不显著。

第二，政府补助能够通过发挥信号传递作用缓解科技型企业融资约束，信号传递（增加企业外源融资）在解释政府补助对科技型企业融资约束的缓解作用中所占的比重为 24.32%。其中，政府补助能够通过增加科技型企业股权融资缓解企业融资约束，增加企业股权融资在解释政府补助对科技型企业融资约束的缓解作用中所占的比重为 21.62%。

第三，政府补助能够刺激外源融资对科技型企业研发投入的促进作用。其中，政府补助能够刺激股权融资对科技型企业研发投入的促进作用，但不能证明政府补助能够刺激债权融资对科技型企业研发投入的促进作用。

本章研究结论表明，政府补助能够通过发挥信号传递作用缓解科技型企业融资约束，促进企业研发投入，但信号传递在解释政府补助对科技型企业融资约束缓解作用中所占的比重不足 25%，有待提高。结合实证结果，本书认为，导致这一比重较低的原因主要有两个：一是政府补助并不能增加科技型企业获得的债权融资，但银行信贷仍然是中国社会的主要融资方式；二是虽然政府补助能够增加科技型企业获得的股权融资，但中国的股权融资市场起步较晚，发展也较为缓慢，并不能满足大部分企业的融资需求。因此，调整政府补助的方式，使之能有效增加企业获得的债权融资，并以此促进企业研发投入显得尤为重要。同时，发展股权融资市场，进一步扩宽企业的融资渠道也显得尤为重要。

第六章

不同金融发展程度下政府补助的作用机制差异

第四、第五章研究表明,融资约束在政府补助促进科技型企业研发投入中发挥着中介机制作用,信号传递在政府补助促进科技型企业研发投入中发挥着深层机制作用。可见,基于企业融资视角,政府补助能否更好地促进科技型企业研发投入取决于这两个机制作用的发挥。而这两个机制作用的发挥与企业所在地区的金融发展程度有着密切的关系。

随着金融发展程度的提高,企业外部融资渠道拓宽,金融机构与企业之间的信息不对称程度也显著降低。因此,金融发展较好地区企业的融资可得性更高,企业更有可能将外源融资用在投资活动上,尤其是用在研发活动上,且企业研发投入也更为有效(沈红波等,2010;Beck等,2002;Chowdhury和Maung,2012)。而在金融发展滞后地区,政府补助虽然能够增加企业外源融资,缓解企业融资约束,但企业的融资可得性较低,日常经营活动仍然存在资金缺口,企业较少将外源融资用在研发活动上。王文华和张卓(2013)对中国高新技术上市公司的面板数据进行研究,得出政府补助缓解企业研发融资约束的直接效应显著,而政府补助缓解企业研发融资约束的间接效应则仅在金融发展较好地区显著的结论。其中,直接效应指政府补助直接增加企业用于研发活动的资金;间接效应指政府补助增加企业获得的研发外源融资。

本书认为不同金融发展程度下政府补助对科技型企业研发投入的作用机制可能存在差异,因此开展本章研究。本章的研究框架为:首先,介绍本章实证分析所用的数据、描述性统计、相关性分析及多重共线性检验;其次,探讨不同金融发展程度下政府补助对科技型企业研发投入的作用是否存在差异;再次,探讨不同金融发展程度下融资约束的中介机制是否存在差异;最后,探讨不同金融发展程度下信号传递的深层机制是否存在差异。

本章逻辑框架如图 6-1 所示,本章研究结构如图 6-2 所示。

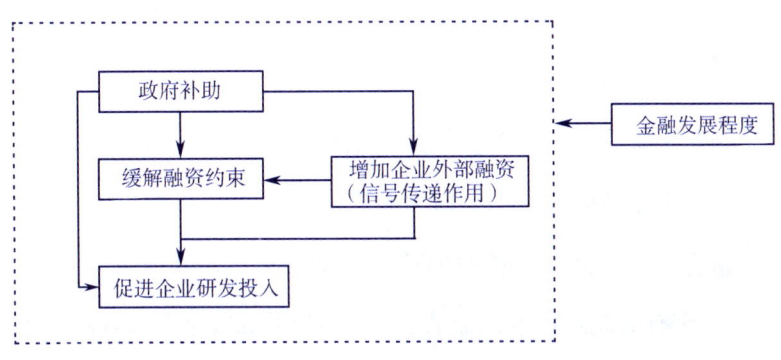

图 6-1 第六章逻辑框架

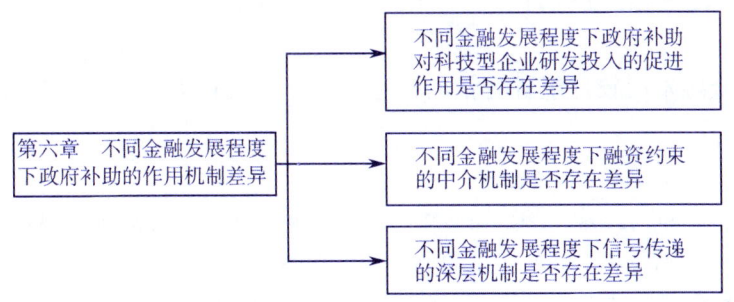

图 6-2 第六章研究结构

第一节 数据

一、研究数据

本章探讨不同金融发展程度下政府补助对科技型企业研发投入的作用机制差异,把本章数据样本分为两组:一组是金融发展较好组,另一组是金融发展滞后组。中国东、中、西部地区金融发展不协调的状况仍然存在,东部地区金融发展较好,而中、西部地区金融发展滞后,因此本章以此作为分组标准。金融发展较好组为注册地址位于东部地区的企业,金融发展滞后组为注册地址位于中、西部地区的企业[①]。

本章第二节研究样本同第三章研究样本,样本容量为 656 家企业,共 4425 个有效观测样本,其中金融发展较好组共 3547 个有效观测样本,金融发展滞后组共 878 个有效观测样本。第三节、第四节研究样本同第四章、第五章研究样本,即为剔除没有获得政府补助的观测样本,样本容量为 643 家企业,共 4163 个有效观测样本,其中金融发展较好组共 3335 个有效观测样本,金融发展滞后组共 828 个有效观测样本。

二、描述性统计

金融发展较好组各变量的描述性统计如表 6-1 所示,金融发展滞

---

① 东、中、西部地区的划分标准参照《中国统计年鉴》。东部地区包括:北京、天津、河北、上海、江苏、浙江、福建、山东、广东、海南和辽宁。中、西部地区包括:山西、安徽、江西、河南、湖北、湖南、吉林、黑龙江、内蒙古、广西、重庆、四川、贵州、云南、西藏、陕西、甘肃、青海、宁夏和新疆。

后组各变量的描述性统计如表 6-2 所示。主要变量中，金融发展较好组科技型企业研发投入（R&D）均值较大，融资约束（FC）均值较小，政府是否补助（DSubsidy）和政府补助（Subsidy）均值较小。两组样本数据的外源融资（Exogfund）、债权融资（Debt）和股权融资（Equity）的变异系数均最大，表明两组样本数据的外源融资情况差异均较大。

表 6-1　金融发展较好组变量描述性统计

变量	均值	标准差	最小值	最大值	样本量
R&D	17.125	0.927	11.852	21.344	3547
FC	−3.506	0.274	−4.358	−2.293	3547
DSubsidy	0.940	0.237	0.000	1.000	3547
Subsidy	14.343	3.851	0.000	19.142	3547
Exogfund	24.297	64.444	−144.635	727.010	3495
Debt	0.832	8.997	−80.431	173.391	3318
Equity	31.140	68.795	−83.878	738.418	3547
Growth	28.903	49.469	−79.087	1690.82	3547
Collateral	15.458	11.978	0.134	73.455	3547
Leverage	30.008	16.926	1.105	103.724	3547
Competition	8.833	8.867	0.000	72.959	3547
Size	20.122	1.020	17.172	24.807	3547

表 6-2　金融发展滞后组变量描述性统计

变量	均值	标准差	最小值	最大值	样本量
R&D	16.911	0.889	14.342	21.178	878
FC	−3.501	0.263	−4.314	−2.466	878
DSubsidy	0.943	0.232	0.000	1.000	878
Subsidy	14.452	3.741	0.000	19.914	878
Exogfund	24.513	63.244	−233.876	651.790	874
Debt	1.215	11.082	−69.125	118.348	818

续表

变量	均值	标准差	最小值	最大值	样本量
Equity	34.270	75.493	−36.685	847.414	878
Growth	26.584	45.982	−84.023	668.445	878
Collateral	16.590	12.114	0.573	68.493	878
Leverage	30.405	17.289	1.103	86.136	878
Competition	9.438	7.964	0.000	48.970	878
Size	20.046	1.000	17.616	24.299	878

三、相关性分析及多重共线性检验

金融发展较好组各变量的 Pearson 相关系数如表 6-3 所示，各变量的 Spearman 相关系数如表 6-4 所示；金融发展滞后组各变量的 Pearson 相关系数见表 6-5，各变量的 Spearman 相关系数见表 6-6。大部分自变量的相关系数虽然显著，但相关系数绝对值较低，均低于 0.3。

表 6-3 金融发展较好组各变量的 Pearson 相关系数

变量	R&D	FC	DSubsidy	Subsidy	Exogfund	Debt
R&D	1					
FC	−0.522***	1				
DSubsidy	−0.134***	0.197***	1			
Subsidy	0.019	0.106***	0.939***	1		
Exogfund	−0.049***	−0.017	0.019	0.030*	1	
Debt	0.021	−0.031*	−0.005	−0.005	0.086***	1
Equity	−0.093***	0.035**	0.039**	0.044***	0.882***	−0.019
Growth	0.094***	0.019	−0.027	−0.022	0.026	0.073***
Collateral	−0.182***	0.003	0.029*	−0.003	−0.192***	−0.026
Leverage	0.094***	−0.030*	−0.023	−0.030*	−0.187***	0.127***
Competition	0.117***	−0.020	−0.001	0.044***	−0.006	−0.018
Size	0.704***	−0.608***	−0.291***	−0.204***	−0.072***	0.036**

续表

变量	Equity	Growth	Collateral	Leverage	Competition	Size
Equity	1					
Growth	0.071***	1				
Collateral	−0.187***	−0.062***	1			
Leverage	0.270***	0.146***	0.167***	1		
Competition	0.009	−0.055***	−0.080***	−0.213***	1	
Size	−0.137***	0.159***	−0.024	0.301***	−0.086***	1

注：***、**、* 分别表示在1%、5%、10%水平上显著。

表6-4　金融发展较好组各变量的 Spearman 相关系数

变量	R&D	FC	DSubsidy	Subsidy	Exogfund	Debt
R&D	1					
FC	−0.494***	1				
DSubsidy	−0.128***	0.201***	1			
Subsidy	0.371***	−0.113***	0.426***	1		
Exogfund	0.053***	−0.099***	0.023	0.046***	1	
Debt	0.046***	−0.034*	−0.013	0.012	0.128***	1
Equity	0.076***	−0.055***	−0.012	0.077***	0.585***	−0.025***
Growth	0.138***	0.023	0.004	0.066***	0.180***	0.076***
Collateral	−0.169***	−0.014	0.028	−0.077***	−0.145***	−0.088***
Leverage	0.128***	−0.089***	−0.035**	0.001	0.115***	0.112***
Competition	0.097***	−0.021	−0.007	0.133***	−0.082***	−0.017
Size	0.693***	−0.587***	−0.275***	0.084***	0.112***	0.051***

变量	Equity	Growth	Collateral	Leverage	Competition	Size
Equity	1					
Growth	0.172***	1				
Collateral	−0.200***	−0.081***	1			
Leverage	−0.159***	0.177***	0.150***	1		
Competition	0.001	−0.060***	−0.156***	−0.207***	1	
Size	0.043***	0.168***	0.018	0.322***	−0.163***	1

注：***、**、* 分别表示在1%、5%、10%水平上显著。

表 6-5　金融发展滞后组各变量的 Pearson 相关系数

变量	R&D	FC	DSubsidy	Subsidy	Exogfund	Debt
R&D	1					
FC	−0.453***	1				
DSubsidy	−0.098***	0.204***	1			
Subsidy	0.039	0.143***	0.950***	1		
Exogfund	−0.045	0.007	0.054	0.073**	1	
Debt	0.043	−0.054	0.052	0.056	0.071**	1
Equity	−0.075**	0.036	0.013	0.019	0.769***	0.037
Growth	0.146***	−0.009	−0.004	0.013	0.057*	0.096***
Collateral	0.007	−0.001	−0.010	0.006	−0.189***	−0.046
Leverage	0.118***	0.028	−0.071**	−0.058*	−0.142***	0.143***
Competition	0.131***	−0.091***	0.013	0.028	−0.015	−0.044
Size	0.713***	−0.550***	−0.318***	−0.233***	−0.072**	0.037

变量	Equity	Growth	Collateral	Leverage	Competition	Size
Equity	1					
Growth	0.117***	1				
Collateral	−0.183***	−0.065*	1			
Leverage	−0.240***	0.140***	0.063*	1		
Competition	0.007	−0.082**	−0.045	−0.233***	1	
Size	−0.089***	0.246***	0.090***	0.277***	−0.033	1

注：***、**、* 分别表示在 1%、5%、10% 水平上显著。

表 6-6　金融发展滞后组各变量的 Spearman 相关系数

变量	R&D	FC	DSubsidy	Subsidy	Exogfund	Debt
R&D	1					
FC	−0.439***	1				
DSubsidy	−0.124***	0.207***	1			
Subsidy	0.348***	−0.050***	0.408***	1		
Exogfund	0.054	−0.075**	0.027	0.069**	1	

续表

变量	R&D	FC	DSubsidy	Subsidy	Exogfund	Debt
Debt	0.054	−0.043	−0.015	0.005	0.147***	1
Equity	0.016	−0.044	0.062*	0.112***	0.555***	0.006
Growth	0.152***	0.014	0.017	0.050	0.139***	0.093***
Collateral	0.003	−0.049	−0.004	0.017	−0.119***	−0.054
Leverage	0.143***	−0.043	−0.082**	0.039	0.145***	0.124***
Competition	0.107***	−0.034	0.013	0.087**	−0.120***	−0.038
Size	0.685***	−0.559***	−0.297***	0.096***	0.091***	0.041

变量	Equity	Growth	Collateral	Leverage	Competition	Size
Equity	1					
Growth	0.154***	1				
Collateral	−0.144***	−0.051	1			
Leverage	−0.113***	0.156***	0.030	1		
Competition	−0.045	−0.082**	−0.031	−0.272***	1	
Size	0.040**	0.247***	0.113***	0.304***	−0.098***	1

注：***、**、*分别表示在1%、5%、10%水平上显著。

回归共线性诊断计算结果显示：

（1）对于金融发展较好组（包括无政府补助样本），自变量矩阵的条件指数为11.85（$DSubsidy$为解释变量）和11.47（$Subsidy$为解释变量）。

（2）对于金融发展较好组（剔除无政府补助样本），自变量矩阵的条件指数为6.00（$Subsidy$为解释变量）、28.93（$Subsidy$和FC为解释变量）、6.47（$Subsidy$和$Exogfund$为解释变量）、6.04（$Subsidy$和$Debt$为解释变量）、6.65（$Subsidy$和$Equity$为解释变量）、6.48（$Subsidy$、$Exogfund$和$Subsidy \times Exogfund$为解释变量）、6.68（$Subsidy$、$Debt$、$Equity$和$Subsidy \times Debt$为解释变量）和6.68（$Subsidy$、$Debt$、$Equity$

和 $Subsidy \times Equity$ 为解释变量）。

（3）对于金融发展滞后组（包括无政府补助样本），自变量矩阵的条件指数为 12.58（$DSubsidy$ 为解释变量）和 12.19（$Subsidy$ 为解释变量）。

（4）对于金融发展滞后组（剔除无政府补助样本），自变量矩阵的条件指数为 6.48（$Subsidy$ 为解释变量）、29.98（$Subsidy$ 和 FC 为解释变量）、6.94（$Subsidy$ 和 $Exogfund$ 为解释变量）、6.60（$Subsidy$ 和 $Debt$ 为解释变量）、7.18（$Subsidy$ 和 $Equity$ 为解释变量）、6.96（$Subsidy$、$Exogfund$ 和 $Subsidy \times Exogfund$ 为解释变量）、7.27（$Subsidy$、$Debt$、$Equity$ 和 $Subsidy \times Debt$ 为解释变量）和 7.27（$Subsidy$、$Debt$、$Equity$ 和 $Subsidy \times Equity$ 为解释变量）。

自变量矩阵的条件指数均小于 30，表明本章回归模型所涉及的自变量之间不存在多重共线性问题。

第二节 政府补助对企业研发投入的作用差异

政府补助对科技型企业研发投入有显著的促进作用，一方面，政府补助能够通过缓解企业融资约束，促进企业研发投入；另一方面，政府补助能够为企业分担研发风险，弥补企业研发活动的正外部性产生的损失，提高企业自主研发积极性。

在金融发展较好地区，企业的融资可得性更高，企业更有可能将外源融资用在研发活动上（沈红波等，2010；Beck 等，2002）。在缓解企业研发融资约束方面，政府补助不仅可以直接增加科技型企业可用于研发活动的资金，而且可以增加企业获得的研发外源融资。在政府补助提高企业研发积极性方面,由于科技型企业能够更易获得研发融资,企业研发积极性的提高也更可能转化为企业研发投入的增加。

在金融发展滞后地区,金融与其经济总量不匹配,难以有效满足区域内企业的融资需求,尤其是难以满足科技型企业的融资需求,在一定程度上制约了企业的投资发展。在该地区科技型企业外源融资僧多粥少的情况下,企业日常经营融资存在缺口,企业获得的外源融资可能更多被用在日常经营活动上,较少被用在研发活动上。在缓解企业研发融资约束方面,政府补助虽然可以直接增加科技型企业可用于研发活动的资金,但是政府补助对企业研发融资的间接效应却不显著(王文华和张卓,2013)。在政府补助提高企业研发积极性方面,由于科技型企业较难获得研发外源融资,企业研发积极性的提高难以转化为企业研发投入的增加。

通过上述对不同金融发展程度下政府补助促进科技型企业研发投入的两个方面内容的分析可得,不同金融发展程度下政府补助对科技型企业研发投入的作用存在差异,在金融发展较好地区,政府补助对科技型企业研发投入的促进作用可能更显著。

为检验不同金融发展程度下政府补助对科技型企业研发投入的促进作用的差异,本节首先用金融发展较好组和金融发展滞后组数据样本对式(3-1)和式(3-2)进行回归,回归结果如表6-7所示。对于金融发展较好组和金融发展滞后组,式(3-1)回归结果中政府是否补助($DSubsidy$)的系数和式(3-2)回归结果中政府补助($Subsidy$)的系数均显著为正,表明:①科技型企业获得政府补助,企业研发投入显著增加。②科技型企业获得的政府补助越多,企业研发投入越多。

表 6-7　不同金融发展程度下企业研发投入对政府补助回归结果

变量	金融发展较好组		金融发展滞后组	
	式（3-1）	式（3-2）	式（3-1）	式（3-2）
DSubsidy	0.4128***		0.3294***	
	（7.40）		（4.44）	
Subsidy		0.0166***		0.0156**
		（3.37）		（2.24）
Growth	−0.0007*	0.0007***	−0.0005	0.0013***
	（−1.83）	（3.04）	（−0.78）	（3.04）
Collateral	0.0024*	−0.0082***	−0.0019	−0.0088***
	（1.73）	（−7.01）	（−0.84）	（−4.77）
Leverage	−0.0032***	0.0064***	−0.0029	0.0039
	（−3.76）	（8.30）	（−1.10）	（1.57）
Competition	0.0149***	−0.0014	0.0168**	−0.0023
	（3.31）	（−0.53）	（2.48）	（−0.52）
Size	0.7146***	0.5536***	0.6318***	0.5079***
	（40.23）	（21.48）	（19.01）	（6.76）
控制时间	YES	YES	YES	YES
控制行业	YES	YES	YES	YES
R^2	0.6964	0.6970	0.6336	0.6512
F	0.0000	0.0000	0.0000	0.0000
Obs.	3547	3541	878	876

注：括号中数字为 t 检验值，*** 表示 $p<0.01$，** 表示 $p<0.05$，* 表示 $p<0.10$。金融发展较好组数据中有 3547 个观测变量，其中有 6 个企业只有一年的数据，因此式（3-2）回归结果中的观测变量数为 3541；金融发展滞后组数据中有 878 个观测变量，其中有 2 个企业只有一年的数据，因此式（3-2）回归结果中的观测变量数为 876。

对比金融发展较好组和金融发展滞后组式（3-1）回归结果中政府是否补助（DSubsidy）的系数和式（3-2）回归结果中政府补助（Subsidy）的系数，发现对于金融发展较好组，政府是否补助

（*DSubsidy*）和政府补助（*Subsidy*）的系数均大于金融发展滞后组的相关系数。本节参考 Keil 等（2000），用统计方法比较不同金融发展程度下式（3-1）中政府是否补助（*DSubsidy*）的系数和式（3-2）中政府补助（*Subsidy*）的系数是否存在显著差异。具体计算方法分两步，第一步为计算合并标准差，计算公式见式（6-1）；第二步为计算 t 统计量，计算公式见式（6-2）。

$$S_{pooled} = \sqrt{\frac{N_1-1}{N_1+N_2-2} \times SE_1^2 + \frac{N_2-1}{N_1+N_2-2} \times SE_2^2} \quad (6-1)$$

$$t = \frac{C_1-C_2}{S_{pooled} \times \sqrt{\frac{1}{N_1}+\frac{1}{N_2}}} \quad (6-2)$$

其中，S_{pooled} 为合并标准差，N_1、N_2 分别为两组样本回归方程的观测变量数，SE_1、SE_2 分别为两组样本回归方程中系数的标准误，C_1、C_2 分别为两组样本回归方程中的系数。通过计算可得，不同金融发展程度下，式（3-1）中政府是否补助（*DSubsidy*）的系数存在显著差异（t=38.52，p<0.01），式（3-2）中政府补助（*Subsidy*）的系数存在显著差异（t=4.92，p<0.01）。

结合表 6-7 回归结果和计算得出的 t 统计量可知，不同金融发展程度下，政府补助对科技型企业研发投入的促进作用存在差异，其中，政府补助对金融发展较好组科技型企业研发投入的促进作用较大。

第三节　融资约束的中介机制差异

上一节研究表明，政府补助对金融发展较好组科技型企业研发投入的促进作用更大。本节进一步探讨不同金融发展程度下融资约束在政府补助促进科技型企业研发投入中的中介机制是否存在差异。

第四章实证分析表明,政府补助能够通过缓解科技型企业融资约束从而促进企业研发投入,即融资约束在政府补助对科技型企业研发投入的促进作用中发挥着中介机制作用。对于不同金融发展程度地区的科技型企业,政府对企业研发活动的补助均能够直接增加企业可用于研发活动的资金,缓解企业融资约束,增加企业研发投入,因此,本书认为不同金融发展程度下融资约束均能在政府补助促进科技型企业研发投资中发挥中介机制作用。

一、金融发展较好组融资约束的中介机制

用金融发展较好组数据分别对第四章式(4-11)、式(4-12)和式(4-13)进行回归,得出金融发展较好组融资约束的中介机制回归结果,如表6-8、表6-9和表6-10所示。表6-8回归结果中,政府补助(Subsidy)的系数为正,在1%水平下显著,表明随着科技型企业获得政府补助的增加,企业的研发投入增加。表6-9回归结果中,政府补助(Subsidy)的系数为正,在1%水平下显著,融资约束(FC)的系数为负,在1%水平下显著,表明随着科技型企业获得政府补助的增加,企业的研发投入增加;随着科技型企业融资约束程度的缓解,企业研发投入增加,且式(4-12)中政府补助(Subsidy)的系数小于式(4-11)中政府补助(Subsidy)的系数。表6-10回归结果中,政府补助(Subsidy)的系数为负,在1%水平下显著,表明随着科技型企业获得政府补助的增加,企业融资约束程度缓解。逐步引入控制变量进行回归,表6-8、表6-9和表6-10中政府补助(Subsidy)、融资约束(FC)

的系数方向及显著性不变，表明回归结果是稳健的，并不会随控制变量的引入而发生变化。

在融资约束的中介机制检验中，政府补助是自变量，融资约束是中介变量，研发投入是因变量。表6-8回归结果表明自变量显著影响因变量，表6-9回归结果表明中介变量有助于预测因变量，表6-10回归结果表明自变量显著影响中介变量。中介作用的三个条件同时满足，表明融资约束在政府补助促进金融发展较好组科技型企业研发投入的过程中发挥着中介机制作用。表6-9中政府补助（Subsidy）的系数显著，表明政府补助并不是完全通过缓解科技型企业融资约束来促进企业研发投入的。政府补助还可以通过弥补研发活动的正外部性溢出等方式促进企业研发投入。

表6-8　金融发展较好组融资约束的中介机制：研发投入对政府补助回归结果

变量	式（4-11）				
Subsidy	0.0816***	0.0816***	0.0785***	0.0754***	0.0756***
	（6.52）	（6.52）	（6.31）	（6.17）	（6.18）
Growth		0.0010***	0.0009***	0.0005**	0.0005**
		（3.96）	（3.80）	（2.09）	（2.07）
Collateral			−0.0060***	−0.0080***	−0.0080***
			（−5.32）	（−7.03）	（−7.06）
Leverage				0.0066***	0.0066***
				（8.42）	（8.54）
Competition					0.0006
					（0.22）
控制时间	YES	YES	YES	YES	YES

续表

变量	式（4-11）				
控制行业	YES	YES	YES	YES	YES
R^2	0.6980	0.6980	0.7020	0.7134	0.7134
F	0.0000	0.0000	0.0000	0.0000	0.0000
Obs.	3331	3331	3331	3331	3331

注：括号中数字为t检验值，*** 表示 $p<0.01$，** 表示 $p<0.05$，* 表示 $p<0.10$。剔除没有获得政府补助的观测变量后，金融发展较好组数据中有3335个观测变量，其中有4个企业只有一年的数据，因此回归结果中的观测变量数为3331。

表6-9 金融发展较好组融资约束的中介机制：
政府补助、融资约束与研发投入回归结果

变量	式（4-12）				
Subsidy	0.0731***	0.0742***	0.0732***	0.0680***	0.0682***
	（5.86）	（5.99）	（5.93）	（5.70）	（5.70）
FC	−1.0926***	−1.0638***	−0.9824***	−1.2345***	−1.2344***
	（−9.11）	（−8.63）	（−7.47）	（−9.83）	（−9.83）
Growth		0.0008***	0.0008***	0.0003	0.0003
		（3.52）	（3.47）	（1.22）	（1.23）
Collateral			−0.0030**	−0.0047***	−0.0047***
			（−2.58）	（−4.15）	（−4.19）
Leverage				0.0082***	0.0082***
				（10.30）	（10.46）
Competition					0.0007
					（0.26）
控制时间	YES	YES	YES	YES	YES
控制行业	YES	YES	YES	YES	YES
R^2	0.7095	0.7121	0.7131	0.7302	0.7302
F	0.0000	0.0000	0.0000	0.0000	0.0000
Obs.	3331	3331	3331	3331	3331

注：括号中数字为t检验值，*** 表示 $p<0.01$，** 表示 $p<0.05$，* 表示 $p<0.10$。剔除没有获得政府补助的观测变量后，金融发展较好组数据中有3335个观测变量，其中有4个企业只有一年的数据，因此回归结果中的观测变量数为3331。

表 6-10　金融发展较好组融资约束的中介机制：融资约束对政府补助回归结果

变量			式（4-13）		
Subsidy	-0.0068***	-0.0070***	-0.0054**	-0.0060***	-0.0059***
	(-2.80)	(-2.86)	(-2.29)	(-2.64)	(-2.63)
Growth		-0.0001**	-0.00008*	0.0002***	-0.0002***
		(-2.33)	(-1.88)	(3.71)	(-3.63)
Collateral			0.0030***	0.0026***	0.0026***
			(13.60)	(11.92)	(11.92)
Leverage				0.0013***	0.0013***
				(9.77)	(9.72)
Competition					0.00006
					(0.12)
控制时间	YES	YES	YES	YES	YES
控制行业	YES	YES	YES	YES	YES
R^2	0.8828	0.8832	0.8927	0.8971	0.8971
F	0.0000	0.0000	0.0000	0.0000	0.0000
Obs.	3331	3331	3331	3331	3331

注：括号中数字为 t 检验值，*** 表示 $p<0.01$，** 表示 $p<0.05$，* 表示 $p<0.10$。剔除没有获得政府补助的观测变量后，金融发展较好组数据中有 3335 个观测变量，其中有 4 个企业只有一年的数据，因此回归结果中的观测变量数为 3331。

二、金融发展滞后组融资约束的中介机制

用金融发展滞后组数据分别对第四章式（4-11）、式（4-12）和式（4-13）进行回归，得出金融发展滞后组融资约束的中介机制回归结果，如表 6-11、表 6-12 和表 6-13 所示。表 6-11 回归结果中，政府补助（Subsidy）的系数为正，在 1% 水平下显著，表明随着科技型企业获得政府补助的增加，企业的研发投入增加。表 6-12 回归结果中，政府

补助（Subsidy）的系数为正，在 1% 水平下显著，融资约束（FC）的系数为负，在 1% 水平下显著，表明随着科技型企业获得政府补助的增加，企业的研发投入增加；随着科技型企业融资约束程度的缓解，企业研发投入增加，且式（4-12）中政府补助（Subsidy）的系数小于式（4-11）中政府补助（Subsidy）的系数。表 6-13 回归结果中，政府补助（Subsidy）的系数为负，在 1% 水平下显著，表明随着科技型企业获得政府补助的增加，企业融资约束程度缓解。逐步引入控制变量进行回归，表 6-11、表 6-12 和表 6-13 中政府补助（Subsidy）、融资约束（FC）的系数方向及显著性不变，表明回归结果是稳健的，并不会随控制变量的引入而发生变化。

表 6-11　金融发展滞后组融资约束的中介机制：研发投入对政府补助回归结果

变量	式（4-11）				
Subsidy	0.0993***	0.1012***	0.0962***	0.0986***	0.0980***
	（4.52）	（4.56）	（4.47）	（4.52）	（4.50）
Growth		0.0015***	0.0015***	0.0012***	0.0012***
		（3.69）	（3.66）	（2.84）	（2.82）
Collateral			−0.0066***	−0.0079***	−0.0078***
			（−3.65）	（−4.48）	（−4.37）
Leverage				0.0054***	0.0053**
				（2.68）	（2.59）
Competition					−0.0019
					（−0.45）
控制时间	YES	YES	YES	YES	YES
控制行业	YES	YES	YES	YES	YES
R^2	0.6519	0.6646	0.6708	0.6787	0.6788
F	0.0000	0.0000	0.0000	0.0000	0.0000
Obs.	827	827	827	827	827

注：括号中数字为 t 检验值，*** 表示 p<0.01，** 表示 p<0.05，* 表示 p<0.10。剔除没有获得政府补助的观测变量后，金融发展滞后组数据中有 828 个观测变量，其中有 1 个企业只有一年的数据，因此回归结果中的观测变量数为 827。

表 6-12 金融发展滞后组融资约束的中介机制：
政府补助、融资约束与研发投入回归结果

变量	式（4-12）				
Subsidy	0.0772***	0.0803***	0.0790***	0.0769***	0.0759***
	（3.80）	（3.91）	（3.89）	（3.83）	（3.79）
FC	−1.4445***	−1.3572***	−1.2526***	−1.6910***	−1.6988***
	（−5.69）	（−5.40）	（−4.77）	（−6.32）	（−6.35）
Growth		0.0014***	0.0014***	0.0009*	0.0008*
		（3.13）	（3.15）	（1.86）	（1.80）
Collateral			−0.0038**	−0.0049***	−0.0047***
			（−1.98）	（−2.73）	（−2.61）
Leverage				0.0087***	0.0086***
				（4.37）	（4.27）
Competition					−0.0030
					（−0.74）
控制时间	YES	YES	YES	YES	YES
控制行业	YES	YES	YES	YES	YES
R^2	0.6755	0.6857	0.6876	0.7065	0.7068
F	0.0000	0.0000	0.0000	0.0000	0.0000
Obs.	827	827	827	827	827

注：括号中数字为 t 检验值，*** 表示 p<0.01，** 表示 p<0.05，* 表示 p<0.10。剔除没有获得政府补助的观测变量后，金融发展滞后组数据中有 828 个观测变量，其中有 1 个企业只有一年的数据，因此回归结果中的观测变量数为 827。

表 6-13 金融发展滞后组融资约束的中介机制：融资约束对政府补助回归结果

变量	式（4-13）				
Subsidy	−0.0153***	−0.0155***	−0.0137***	−0.0128***	−0.0130***
	（−3.19）	（−3.21）	（−3.01）	（−2.94）	（−2.94）
Growth		−0.0001*	−0.0001	0.0002***	−0.0002***
		（−1.66）	（−1.51）	（3.18）	（−3.30）

变量			式（4-13）		
Collateral		0.0023***	0.0018***	0.0018***	
		（6.12）	（4.99）	（5.12）	
Leverage				0.0020***	0.0020***
				（7.79）	（7.55）
Competition					−0.0007
					（−0.82）
控制时间	YES	YES	YES	YES	YES
控制行业	YES	YES	YES	YES	YES
R^2	0.8940	0.8946	0.9013	0.9112	0.9113
F	0.0000	0.0000	0.0000	0.0000	0.0000
Obs.	827	827	827	827	827

注：括号中数字为 t 检验值，*** 表示 p<0.01，** 表示 p<0.05，* 表示 p<0.10。剔除没有获得政府补助的观测变量后，金融发展滞后组数据中有 828 个观测变量，其中有 1 个企业只有一年的数据，因此回归结果中的观测变量数为 827。

在融资约束的中介机制检验中，政府补助是自变量，融资约束是中介变量，研发投入是因变量。表 6-11 回归结果表明自变量显著影响因变量，表 6-12 回归结果表明中介变量有助于预测因变量，表 6-13 回归结果表明自变量显著影响中介变量。中介作用的三个条件同时满足，表明融资约束在政府补助促进金融发展滞后组科技型企业研发投入的过程中发挥着中介机制作用。表 6-12 中政府补助（Subsidy）的系数显著，表明政府补助并不是完全通过缓解科技型企业融资约束来促进企业研发投入的。政府补助还可以通过弥补研发活动的正外部性溢出等方式促进企业研发投入。

第四节　信号传递的深层机制差异

第五章实证分析表明，政府补助能够通过发挥信号传递作用缓解科技型企业融资约束，并刺激外源融资（尤其是股权融资）对科技型企业研发投入的促进作用。本节进一步探讨不同金融发展程度下信号传递在政府补助促进科技型企业研发投入中的深层机制是否存在差异。

在金融发展较好地区，企业的融资可得性更高，政府补助不仅可以直接缓解科技型企业融资约束，增加企业可用于研发活动的资金，而且可以通过信号传递作用增加企业获得的外源融资，并刺激外源融资对企业研发投入的促进作用。

在金融发展滞后地区，企业的融资需求难以得到满足，政府补助虽然可以直接缓解科技型企业融资约束，增加企业可用于研发活动的资金，还可以通过信号传递作用增加企业获得的外源融资，但是企业日常经营存在资金缺口，企业并不一定会将增加的外源融资用在研发活动上。

基于上述分析，本书认为不同金融发展程度下信号传递在政府补助促进科技型企业研发投入中的深层机制可能存在差异。

一、金融发展较好组信号传递的深层机制

首先，探讨对于金融发展较好组，政府补助能否发挥信号传递作用。用金融发展较好组数据分别对第五章式（5-1）、式（5-2）和式（5-3）进行回归，得出金融发展较好组政府补助的信号传递作用回归结果，如表 6-14、表 6-15 和表 6-16 所示。表 6-14 回归结果中，政府

补助（Subsidy）的系数显著为正，表明政府补助能够发挥信号传递作用，增加科技型企业获得的外源融资。表6-15回归结果中，政府补助（Subsidy）的系数不显著，表明政府补助的增加并不能促进科技型企业债权融资的增加。表6-16回归结果中，政府补助（Subsidy）的系数显著为正，表明政府补助的信号传递作用主要体现在增加科技型企业获得的股权融资上。逐步引入控制变量进行回归，表6-14、表6-15和表6-16中主要解释变量的系数显著性和方向未发生变化，表明回归结果是稳健的。

表6-14 金融发展较好组政府补助与科技型企业外源融资回归结果

变量	式(5-1)				
Subsidy	5.1561***	5.0681***	3.8185**	4.4517***	4.1891**
	(2.94)	(2.88)	(2.21)	(2.66)	(2.49)
Growth		−0.0765**	−0.0925***	−0.0077	−0.0195
		(−2.39)	(−2.86)	(−0.26)	(−0.65)
Collateral			−2.2950***	−1.8970***	−1.8641***
			(−13.02)	(−11.28)	(−11.21)
Leverage				−1.3077***	−1.3483***
				(−9.79)	(−10.10)
Competition					−1.0784**
					(−1.98)
控制时间	YES	YES	YES	YES	YES
控制行业	YES	YES	YES	YES	YES
R^2	0.0958	0.0978	0.1517	0.1940	0.1962
F	0.0000	0.0000	0.0000	0.0000	0.0000
Obs.	3277	3277	3277	3277	3277

注：括号中数字为t检验值，*** 表示p<0.01，** 表示p<0.05，* 表示p<0.10。

表 6-15　金融发展较好组政府补助与科技型企业债权融资回归结果

变量	式（5-2）				
Subsidy	−0.2457	−0.2643	−0.2661	−0.3156	−0.2749
	（−0.60）	（−0.57）	（−0.65）	（−0.77）	（−0.68）
Growth		0.0145**	0.0141**	0.0050	0.0068
		（2.39）	（2.34）	（0.81）	（1.07）
Collateral			−0.0567	−0.1010***	−0.1062***
			（−1.50）	（−2.69）	（−2.83）
Leverage				0.1467***	0.1541***
				（6.03）	（6.27）
Competition					0.1713
					（1.58）
控制时间	YES	YES	YES	YES	YES
控制行业	YES	YES	YES	YES	YES
R^2	0.0048	0.0088	0.0104	0.0372	0.0403
F	0.0791	0.0209	0.0078	0.0000	0.0000
Obs.	3100	3100	3100	3100	3100

注：括号中数字为 t 检验值，*** 表示 $p<0.01$，** 表示 $p<0.05$，* 表示 $p<0.10$。

表 6-16　金融发展较好组政府补助与科技型企业股权融资回归结果

变量	式（5-3）				
Subsidy	4.5977**	4.5914**	3.2828*	4.2431**	3.8573**
	（2.47）	（2.47）	（1.81）	（2.53）	（2.29）
Growth		−0.0054	−0.0248	0.1089***	0.0918***
		（−0.15）	（−0.69）	（3.23）	（2.71）
Collateral			−2.4637***	−1.8392***	−1.7924***
			（−12.66）	（−10.52）	（−10.33）
Leverage				−2.0635***	−2.1212***
				（−15.81）	（−16.27）
Competition					−1.5045***
					（−2.73）

续表

变量	式（5-3）				
控制时间	YES	YES	YES	YES	YES
控制行业	YES	YES	YES	YES	YES
R^2	0.1005	0.1005	0.1555	0.2475	0.2513
F	0.0000	0.0000	0.0000	0.0000	0.0000
Obs.	3331	3331	3331	3331	3331

注：括号中数字为 t 检验值，*** 表示 p<0.01，** 表示 p<0.05，* 表示 p<0.10。

对于金融发展较好组，政府补助能够发挥信号传递作用，增加科技型企业获得的外源融资（尤其是股权融资）。得出这些结果后，探讨政府补助能否通过发挥信号传递作用缓解科技型企业融资约束。

用金融发展较好组数据分别对第五章式（5-4）至式（5-9）进行回归。其中，式（5-4）、式（5-7）和式（4-13）相同，回归结果见表 6-10；式（5-6）和式（5-1）相同，回归结果见表 6-14；式（5-9）和式（5-3）相同，回归结果见表 6-16。式（5-5）和式（5-8）回归结果见表 6-17 和表 6-18。表 6-17 回归结果中，政府补助（Subsidy）和外源融资（Exogfund）的系数显著为负，表明随着科技型企业获得的政府补助的增加，企业的融资约束缓解；随着企业获得的外源融资的增加，企业的融资约束缓解。表 6-18 回归结果中，政府补助（Subsidy）和股权融资（Equity）的系数显著为负，表明随着科技型企业获得的政府补助的增加，企业的融资约束缓解；随着企业获得的股权融资的增加，企业的融资约束缓解。

金融发展较好组式（5-4）至式（5-6）的回归结果表明，政府补助能够通过发挥信号传递作用（增加企业获得的外源融资）缓解科技型企业融资约束。金融发展较好组式（5-7）至式（5-9）的回归结果表明，政府补助能够通过增加科技型企业获得的股权融资缓解科技型企业融资约束。

表 6-17 金融发展较好组政府补助、外源融资与融资约束回归结果

变量	式（5-5）				
Subsidy	−0.0041*	−0.0043*	−0.0034*	−0.0039*	−0.0041*
	(−1.80)	(−1.87)	(−1.81)	(−1.80)	(−1.86)
Exogfund	−0.0005***	−0.0005***	−0.0004***	−0.0004***	−0.0004***
	(−18.08)	(−18.45)	(−17.53)	(−16.64)	(−16.53)
Growth		−0.0002***	−0.0001***	−0.0002***	−0.0002***
		(−4.05)	(−3.71)	(−4.81)	(−4.88)
Collateral			0.0020***	0.0019***	0.0019***
			(9.88)	(9.03)	(9.11)
Leverage				0.0008***	0.0008***
				(6.12)	(5.90)
Competition					−0.0006
					(−1.21)
控制时间	YES	YES	YES	YES	YES
控制行业	YES	YES	YES	YES	YES
R^2	0.9052	0.9061	0.9102	0.9118	0.9119
F	0.0000	0.0000	0.0000	0.0000	0.0000
Obs.	3277	3277	3277	3277	3277

注：括号中数字为 t 检验值，*** 表示 $p<0.01$，** 表示 $p<0.05$，* 表示 $p<0.10$。

表 6-18 金融发展较好组政府补助、股权融资与融资约束回归结果

变量	式（5-8）				
Subsidy	−0.0047**	−0.0048**	−0.0040*	−0.0043**	−0.0045**
	(−2.08)	(−2.14)	(−1.81)	(−1.98)	(−2.04)
Equity	−0.0005***	−0.0005***	−0.0004***	−0.0004***	−0.0004***
	(−19.61)	(−19.73)	(−18.02)	(−16.11)	(−16.10)

续表

变量		式(5-8)			
Growth	−0.0001***	−0.0001**	−0.0001***	−0.0001***	
	(−2.72)	(−2.36)	(−3.03)	(−3.12)	
Collateral			0.0020***	0.0019***	0.0019***
			(9.48)	(9.07)	(9.13)
Leverage				0.0005***	0.0005***
				(3.84)	(3.65)
Competition					−0.0005
					(−1.05)
控制时间	YES	YES	YES	YES	YES
控制行业	YES	YES	YES	YES	YES
R^2	0.9048	0.9053	0.9092	0.9099	0.9099
F	0.0000	0.0000	0.0000	0.0000	0.0000
Obs.	3331	3331	3331	3331	3331

注：括号中数字为 t 检验值，*** 表示 $p<0.01$，** 表示 $p<0.05$，* 表示 $p<0.10$。

最后，探讨对于金融发展较好组，政府补助能否刺激外源融资对科技型企业研发投入的促进作用。用金融发展较好组数据分别对第五章式（5-10）、式（5-11）、式（5-12）进行回归，回归结果见表6-19、表6-20、表6-21。

表6-19回归结果中，政府补助（Subsidy）与外源融资（Exogfund）交互项的系数显著为正，表明政府补助的增加能够刺激外源融资对科技型企业研发投入的促进作用。表6-20回归结果中，政府补助（Subsidy）与债权融资（Debt）交互项的系数不显著，表明政府补助的增加并不能刺激债权融资对科技型企业研发投入的促进作用。表6-21回归结果中，政府补助（Subsidy）与股权融资（Equity）交互项的系

数显著为正，表明政府补助的增加能够刺激股权融资对科技型企业研发投入的促进作用。逐步引入控制变量进行回归，表 6-19 至表 6-21 主要解释变量的系数显著性和方向未发生改变，表明回归结果是稳健的。

表 6-19　金融发展较好组政府补助、外源融资与科技型企业研发投入回归结果

变量	式（5-10）				
Subsidy	0.0819***	0.0829***	0.0800***	0.0758***	0.0760***
	（6.48）	（6.62）	（6.44）	（6.18）	（6.19）
Exogfund	−0.0002	−0.0001	−0.0003***	−0.00008	−0.00008
	（−1.44）	（−1.22）	（−2.71）	（−0.64）	（−0.62）
Subsidy × Exogfund	0.0003**	0.0003**	0.0003***	0.0002*	0.0002*
	（2.39）	（2.47）	（2.61）	（1.94）	（1.94）
Growth		0.0010***	0.0010***	0.0006***	0.0006***
		（4.47）	（4.27）	（2.64）	（2.63）
Collateral			−0.0072***	−0.0085***	−0.0085***
			（−6.01）	（−7.22）	（−7.25）
Leverage				0.0064***	0.0064***
				（7.85）	（7.96）
Competition					0.0009
					（0.31）
控制时间	YES	YES	YES	YES	YES
控制行业	YES	YES	YES	YES	YES
R^2	0.6957	0.6997	0.7051	0.7157	0.7157
F	0.0000	0.0000	0.0000	0.0000	0.0000
Obs.	3277	3277	3277	3277	3277

注：括号中数字为 t 检验值，*** 表示 p<0.01，** 表示 p<0.05，* 表示 p<0.10。

表 6-20　金融发展较好组政府补助、债权融资与科技型企业研发投入回归结果

变量	式（5-11）				
Subsidy	0.0768***	0.0775***	0.0742***	0.0713***	0.0718***
	（5.71）	（5.84）	（5.67）	（5.51）	（5.55）
Debt	0.0006	0.0003	−0.000002	−0.0010	−0.0010
	（0.62）	（0.26）	（−0.00）	（−0.99）	（−1.04）
Equity	−0.0001	−0.0001	−0.0003**	−0.00002	−0.00002
	（−1.03）	（−1.08）	（−2.50）	（−0.21）	（−0.15）
Subsidy×Debt	0.0012	0.0009	0.0009	0.0009	0.0009
	（1.61）	（1.33）	（1.31）	（1.27）	（1.25）
Growth		0.0011***	0.0010***	0.0007***	0.0007***
		（4.45）	（4.34）	（2.99）	（3.03）
Collateral			−0.0070***	−0.0081***	−0.0081***
			（−6.07）	（−7.08）	（−7.13）
Leverage				0.0056***	0.0057***
				（6.56）	（6.68）
Competition					0.0024
					（0.82）
控制时间	YES	YES	YES	YES	YES
控制行业	YES	YES	YES	YES	YES
R^2	0.6522	0.6577	0.6638	0.6727	0.6729
F	0.0000	0.0000	0.0000	0.0000	0.0000
Obs.	3100	3100	3100	3100	3100

注：括号中数字为 t 检验值，*** 表示 p<0.01，** 表示 p<0.05，* 表示 p<0.10。

表 6-21　金融发展较好组政府补助、股权融资与科技型企业研发投入回归结果

变量	式（5-12）				
Subsidy	0.0775***	0.0782***	0.0750***	0.0719***	0.0725***
	（5.87）	（6.03）	（5.85）	（5.64）	（5.69）
Debt	0.0002	−0.0001	−0.0004	−0.0013	−0.0013
	（0.18）	（−0.11）	（−0.39）	（−1.34）	（−1.39）

续表

变量	式（5-12）				
Equity	−0.0001	−0.0001	−0.0003***	−0.00005	−0.00004
	（−1.21）	（−1.27）	（−2.73）	（−0.42）	（−0.36）
Subsidy × Equity	0.0003***	0.0003***	0.0003***	0.0002**	0.0002**
	（2.90）	（2.83）	（2.87）	（2.34）	（2.37）
Growth		0.0010***	0.0010***	0.0007***	0.0007***
		（4.40）	（4.29）	（2.98）	（3.03）
Collateral			−0.0071***	−0.0081***	−0.0082***
			（−6.18）	（−7.16）	（−7.21）
Leverage				0.0054***	0.0056***
				（6.39）	（6.52）
Competition					0.0027
					（0.91）
控制时间	YES	YES	YES	YES	YES
控制行业	YES	YES	YES	YES	YES
R^2	0.6539	0.6592	0.6655	0.6738	0.6740
F	0.0000	0.0000	0.0000	0.0000	0.0000
Obs.	3100	3100	3100	3100	3100

注：括号中数字为 t 检验值，*** 表示 p<0.01，** 表示 p<0.05，* 表示 p<0.10。

对于金融发展较好组科技型企业，政府补助能够发挥信号传递作用，增加企业获得的外源融资（尤其是股权融资），能够通过发挥信号传递作用缓解企业融资约束，且政府补助能够刺激外源融资（尤其是股权融资）对企业研发投入的促进作用。金融发展较好组信号传递的深层机制如图 6-3 所示。

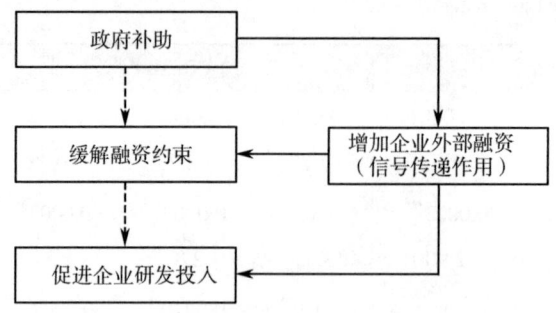

图 6-3 金融发展较好组信号传递的深层机制

二、金融发展滞后组信号传递的深层机制

首先,探讨对于金融发展滞后组,政府补助能否发挥信号传递作用。用金融发展滞后组数据分别对第五章式(5-1)、式(5-2)和式(5-3)进行回归,得出金融发展滞后组政府补助的信号传递作用回归结果,如表6-22、表6-23和表6-24所示。表6-22回归结果中,政府补助(Subsidy)的系数显著为正,表明政府补助能够发挥信号传递作用,增加科技型企业获得的外源融资。表6-23回归结果中,政府补助(Subsidy)的系数不显著,表明政府补助的增加并不能促进科技型企业债权融资的增加。表6-24回归结果中,政府补助(Subsidy)的系数显著为正,表明政府补助的信号传递作用主要体现在增加科技型企业获得的股权融资上。逐步引入控制变量进行回归,表6-22、表6-23和表6-24中主要解释变量的系数显著性和方向未发生改变,表明回归结果是稳健的。

表 6-22　金融发展滞后组政府补助与科技型企业外源融资回归结果

变量	式（5-1）				
Subsidy	8.0537**	8.0468**	6.1131*	5.3752*	5.1714*
	（2.36）	（2.36）	（1.92）	（1.81）	（1.74）
Growth		−0.0057	−0.0171	0.0759	0.0709
		（−0.13）	（−0.35）	（1.62）	（1.47）
Collateral			−2.5473***	−2.1346***	−2.0937***
			（−6.47）	（−5.83）	（−5.79）
Leverage				−1.6891***	−1.7232***
				（−5.98）	（−6.16）
Competition					−0.6918
					（−1.04）
控制时间	YES	YES	YES	YES	YES
控制行业	YES	YES	YES	YES	YES
R^2	0.1249	0.1249	0.2021	0.2675	0.2688
F	0.0000	0.0000	0.0000	0.0000	0.0000
Obs.	824	824	824	824	824

注：括号中数字为 t 检验值，*** 表示 p<0.01，** 表示 p<0.05，* 表示 p<0.10。

表 6-23　金融发展滞后组政府补助与科技型企业债权融资回归结果

变量	式（5-2）				
Subsidy	0.5174	0.5493	0.3365	0.3321	0.3029
	（0.84）	（0.89）	（0.57）	（0.57）	（0.53）
Growth		0.0212**	0.0200**	0.0122	0.0116
		（2.22）	（2.14）	（1.27）	（1.25）
Collateral			−0.2112*	−0.2435**	−0.2382**
			（−1.91）	（−2.12）	（−2.06）
Leverage				0.1418**	0.1363**
				（2.29）	（2.18）
Competition					−0.0963
					（−0.52）

续表

变量	式(5-2)				
控制时间	YES	YES	YES	YES	YES
控制行业	YES	YES	YES	YES	YES
R^2	0.0291	0.0367	0.0546	0.0699	0.0708
F	0.0502	0.0559	0.0654	0.0733	0.1011
Obs.	768	768	768	768	768

注：括号中数字为 t 检验值，*** 表示 p<0.01，** 表示 p<0.05，* 表示 p<0.10。

表 6-24　金融发展滞后组政府补助与科技型企业股权融资回归结果

变量	式(5-3)				
Subsidy	9.4547**	9.5554**	7.5845*	6.5381*	6.4049*
	(2.20)	(2.23)	(1.91)	(1.77)	(1.73)
Growth		0.0811	0.0698	0.1996***	0.1963***
		(1.18)	(0.96)	(2.85)	(2.73)
Collateral			-2.5796***	-2.0079***	-1.9814***
			(-6.39)	(-5.34)	(-5.34)
Leverage				-2.3527***	-2.3750***
				(-8.17)	(-8.29)
Competition					-0.4572
					(-0.66)
控制时间	YES	YES	YES	YES	YES
控制行业	YES	YES	YES	YES	YES
R^2	0.1383	0.1405	0.2069	0.3112	0.3118
F	0.0000	0.0000	0.0000	0.0000	0.0000
Obs.	827	827	827	827	827

注：括号中数字为 t 检验值，*** 表示 p<0.01，** 表示 p<0.05，* 表示 p<0.10。

对于金融发展滞后组，政府补助能够发挥信号传递作用，增加科技型企业获得的外源融资（尤其是股权融资）。得出这些结果后，探讨政府补助能否通过发挥信号传递作用缓解科技型企业融资约束。

用金融发展滞后组数据分别对第五章式（5-4）至式（5-9）进行回归。其中，式（5-4）、式（5-7）和式（4-13）相同，回归结果见表6-13；式（5-6）和式（5-1）相同，回归结果见表6-22；式（5-9）和式（5-3）相同，回归结果见表6-24；式（5-5）和式（5-8）回归结果见表6-25和表6-26。表6-25回归结果中，政府补助（Subsidy）和外源融资（Exogfund）的系数显著为负，表明随着科技型企业获得的政府补助的增加，企业的融资约束缓解；随着企业获得的外源融资的增加，企业的融资约束缓解。表6-26回归结果中，政府补助（Subsidy）和股权融资（Equity）的系数显著为负，表明随着科技型企业获得的政府补助的增加，企业的融资约束缓解；随着企业获得的股权融资的增加，企业的融资约束缓解。

表6-25　金融发展滞后组政府补助、外源融资与融资约束回归结果

变量	式（5-5）				
Subsidy	-0.0115***	-0.0117***	-0.0111***	-0.0109***	-0.0112***
	（-2.74）	（-2.77）	（-2.68）	（-2.67）	（-2.70）
Exogfund	-0.0005***	-0.0005***	-0.0004***	-0.0004***	-0.0004***
	（-7.52）	（-7.56）	（-6.85）	（-5.92）	（-5.93）
Growth		-0.0001*	-0.0001*	-0.0002***	-0.0002***
		（-1.76）	（-1.69）	（-2.84）	（-2.98）
Collateral			0.0012***	0.0010***	0.0010***
			（3.43）	（2.90）	（3.06）
Leverage				0.0014***	0.0013***
				（5.61）	（5.33）
Competition					-0.0008
					（-1.15）
控制时间	YES	YES	YES	YES	YES

续表

变量	式（5-5）				
控制行业	YES	YES	YES	YES	YES
R^2	0.9150	0.9157	0.9172	0.9218	0.9220
F	0.0000	0.0000	0.0000	0.0000	0.0000
Obs.	824	824	824	824	824

注：括号中数字为 t 检验值，*** 表示 p<0.01，** 表示 p<0.05，* 表示 p<0.10。

表 6-26　金融发展滞后组政府补助、股权融资与融资约束回归结果

变量	式（5-8）				
Subsidy	−0.0114***	−0.0115***	−0.0109***	−0.0109***	−0.0111***
	（−2.88）	（−2.90）	（−2.78）	（−2.78）	（−2.80）
Equity	−0.0004***	−0.0004***	−0.0004***	−0.0003***	−0.0003***
	（−8.37）	（−8.31）	（−7.43）	（−5.73）	（−5.72）
Growth		−0.0001	−0.0001	−0.0002**	−0.0002**
		（−1.20）	（−1.17）	（−2.22）	（−2.34）
Collateral			0.0013***	0.0012***	0.0012***
			（3.95）	（3.58）	（3.75）
Leverage				0.0013***	0.0012***
				（4.57）	（4.29）
Competition					−0.0008
					（−1.06）
控制时间	YES	YES	YES	YES	YES
控制行业	YES	YES	YES	YES	YES
R^2	0.9137	0.9140	0.9160	0.9195	0.9198
F	0.0000	0.0000	0.0000	0.0000	0.0000
Obs.	827	827	827	827	827

注：括号中数字为 t 检验值，*** 表示 p<0.01，** 表示 p<0.05，* 表示 p<0.01。

金融发展滞后组式（5-4）至式（5-6）的回归结果表明，政府补助能够通过发挥信号传递作用（增加企业获得的外源融资）缓解科技型

企业融资约束。金融发展滞后组式（5-7）至式（5-9）的回归结果表明，政府补助能够通过增加科技型企业获得的股权融资缓解科技型企业融资约束。

最后，探讨对于金融发展滞后组，政府补助能否刺激外源融资对科技型企业研发投入的促进作用。用金融发展滞后组数据分别对第五章式（5-10）、式（5-11）、式（5-12）进行回归，回归结果见表6-27、表6-28、表6-29。

表6-27回归结果中，政府补助（Subsidy）与外源融资（Exogfund）交互项的系数不显著，表明政府补助的增加并不能刺激外源融资对科技型企业研发投入的促进作用。表6-28回归结果中，政府补助（Subsidy）与债权融资（Debt）交互项的系数不显著，表明政府补助的增加并不能刺激债权融资对科技型企业研发投入的促进作用。表6-29回归结果中，政府补助（Subsidy）与股权融资（Equity）交互项的系数不显著，表明政府补助的增加并不能刺激股权融资对科技型企业研发投入的促进作用。逐步引入控制变量进行回归，表6-27至表6-29主要解释变量的系数显著性和方向未发生改变，表明回归结果是稳健的。

表6-27　金融发展滞后组政府补助、外源融资与科技型企业研发投入回归结果

变量	式（5-10）				
Subsidy	0.1006***	0.1014***	0.0989***	0.0985***	0.0978***
	（4.57）	（4.63）	（4.63）	（4.59）	（4.57）
Exogfund	0.0001	0.0001	−0.0002	0.0001	0.0001
	（0.30）	（0.34）	（−0.50）	（0.43）	（0.41）
Subsidy × Exogfund	0.0002	0.00009	0.0002	0.00005	0.00004
	（0.47）	（0.22）	（0.43）	（0.13）	（0.11）

续表

变量			式（5-10）		
Growth		0.0015***	0.0015***	0.0012***	0.0012***
		（3.70）	（3.65）	（2.84）	（2.81）
Collateral			−0.0069***	−0.0075***	−0.0074***
			（−3.64）	（−4.12）	（−4.02）
Leverage				0.0055***	0.0054**
				（2.66）	（2.57）
Competition					−0.0021
					（−0.48）
控制时间	YES	YES	YES	YES	YES
控制行业	YES	YES	YES	YES	YES
R^2	0.6509	0.6644	0.6699	0.6786	0.6788
F	0.0000	0.0000	0.0000	0.0000	0.0000
Obs.	824	824	824	824	824

注：括号中数字为 t 检验值，*** 表示 $p<0.01$，** 表示 $p<0.05$，* 表示 $p<0.10$。

表6-28　金融发展滞后组政府补助、债权融资与科技型企业研发投入回归结果

变量			式（5-11）		
Subsidy	0.0914***	0.0946***	0.0885***	0.0874***	0.0877***
	（4.01）	（4.05）	（3.95）	（3.91）	（3.91）
Debt	0.0025*	0.0020	0.0014	0.0008	0.0008
	（1.76）	（1.47）	（1.06）	（0.61）	（0.62）
Equity	−0.0003	−0.0004	−0.0006**	−0.0003	−0.0003
	（−1.19）	（−1.40）	（−2.17）	（−0.99）	（−0.99）
Subsidy × Debt	0.0013	0.0009	0.0006	−0.0002	−0.0002
	（1.10）	（0.76）	（0.51）	（−0.16）	（−0.16）
Growth		0.0015***	0.0015***	0.0012***	0.0012***
		（3.66）	（3.69）	（2.64）	（2.65）
Collateral			−0.0082***	−0.0091***	−0.0092***
			（−1.24）	（−4.87）	（−4.89）

续表

变量			式（5-11）		
Leverage				0.0023***	0.0065***
				（2.74）	（2.73）
Competition					0.0012
					（0.30）
控制时间	YES	YES	YES	YES	YES
控制行业	YES	YES	YES	YES	YES
R^2	0.6056	0.6209	0.6305	0.6410	0.6411
F	0.0000	0.0000	0.0000	0.0000	0.0000
Obs.	768	768	768	768	768

注：括号中数字为 t 检验值，*** 表示 p<0.01，** 表示 p<0.05，* 表示 p<0.10。

表 6-29　金融发展滞后组政府补助、股权融资与科技型企业研发投入回归结果

变量			式（5-12）		
Subsidy	0.0918***	0.0949***	0.0885***	0.0872***	0.0875***
	（3.91）	（4.02）	（3.88）	（3.89）	（3.89）
Debt	0.0027*	0.0022	0.0014	0.0008	0.0008
	（1.85）	（1.55）	（1.08）	（0.57）	（0.58）
Equity	−0.0003	−0.0004	−0.0006**	−0.0003	−0.0003
	（−1.13）	（−1.36）	（−2.14）	（−1.02）	（−1.02）
Subsidy × Equity	0.0001	0.00006	0.0001	0.00006	0.00006
	（0.50）	（0.22）	（0.42）	（0.21）	（0.22）
Growth		0.0015***	0.0015***	0.0011***	0.0011***
		（3.67）	（3.69）	（2.64）	（2.65）
Collateral			−0.0083***	−0.0092***	−0.0092***
			（−4.31）	（−4.92）	（−4.95）
Leverage				0.0064***	0.0065***
				（2.77）	（2.75）
Competition					0.0013
					（0.30）

续表

变量	式（5-12）				
控制时间	YES	YES	YES	YES	YES
控制行业	YES	YES	YES	YES	YES
R^2	0.6053	0.6205	0.6307	0.6415	0.6416
F	0.0000	0.0000	0.0000	0.0000	0.0000
Obs.	768	768	768	768	768

注：括号中数字为 t 检验值，*** 表示 p<0.01，** 表示 p<0.05，* 表示 p<0.10。

对于金融发展滞后组科技型企业，政府补助能够发挥信号传递作用，增加企业获得的外源融资（尤其是股权融资），能够通过发挥信号传递作用缓解企业融资约束，但政府补助并不能刺激外源融资（包括债权融资和股权融资）对企业研发投入的促进作用。这可能是由于在金融发展滞后地区，政府补助虽然能够直接增加科技型企业可用于研发活动的资金，增加企业外源融资，但企业日常经营活动存在资金缺口，企业会把增加的外源融资优先用在日常经营活动上，较少用在研发活动上。金融发展滞后组信号传递的深层机制如图 6-4 所示。

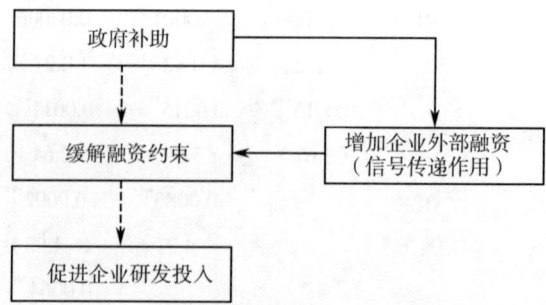

图 6-4　金融发展滞后组信号传递的深层机制

第五节 本章小结

本章探讨不同金融发展程度下政府补助对科技型企业研发投入的作用机制是否存在差异。本章将 2009~2017 年深圳创业板上市公司样本分为金融发展较好组和金融发展滞后组，一是探讨不同金融发展程度下政府补助对科技型企业研发投入的作用是否存在差异；二是探讨不同金融发展程度下融资约束的中介机制是否存在差异；三是探讨不同金融发展程度下信号传递的深层机制是否存在差异。

本章通过实证分析，得出以下结论：

第一，不同金融发展程度下，政府补助均能促进科技型企业研发投入，但政府补助对科技型企业研发投入的促进作用存在差异，其中，政府补助对金融发展较好组科技型企业研发投入的促进作用较大。

第二，不同金融发展程度下，融资约束均在政府补助促进科技型企业研发投入中发挥中介机制作用，即融资约束的中介机制不存在差异。

第三，不同金融发展程度下，政府补助均能通过发挥信号传递作用缓解科技型企业融资约束，但信号传递在政府补助促进科技型企业研发投入中的深层机制存在差异，差异在于：对于金融发展较好组，政府补助能够刺激外源融资（尤其是股权融资）对科技型企业研发投入的促进作用；对于金融发展滞后组，政府补助并不能刺激外源融资对科技型企业研发投入的促进作用。

本章研究结论表明，不同金融发展程度下，政府补助对科技型企业研发投入的作用机制存在差异，其中，在金融发展较好地区，政府补助对科技型企业研发投入的促进作用更大，作用机制也更为完善。中国地区金融发展不平衡问题一直存在，在一定程度上制约了企业的投资水平。金融是国家重要的核心竞争力，是推动高质量发展的重要支撑，提高金融发展水平，减少各地区金融发展不平衡，对于更好地发挥政府补助对科技型企业研发投入的促进作用非常重要。

第七章

不同创新环境下政府补的作用机制差异

除了金融发展程度外,创新环境也会影响政府补助对科技型企业研发投入的作用机制。创新环境是指在创新过程中,影响创新主体进行创新的各种外部因素的总和,主要包括当地的创新制度环境、当地政府对创新行为的经费投入力度以及当地各微观经济主体对创新行为的态度等。企业的研发活动是在特定的创新环境下进行的,因此企业研发投入的决策受到创新环境的影响,政府补助的作用机制也受到创新环境的影响。

在较好的创新环境中,关于促进企业创新、促进产业发展等的制度安排更多,政府的研发投入经费更多,外部投资者对研发活动的资金支持力度更大,企业、高校、科研机构等开展研发活动的热情更高,社会的创新成果也更多。大量研究表明,较好的创新环境有助于降低企业研发成本,提高研发预期收益,进而促进企业研发投入,提高企业研发效率(廖开容和陈爽英,2011;王立清等,2011;林木西等,2018;Li,2009;Lin 等,2010)。严若森和姜潇(2019)的研究表明较好的创新环境有助于企业更多地依靠市场原则获得外部资金。可见,在较好的创新环境中，政府补助对科技型企业研发投入的促进机制可能会更优。

本书认为不同创新环境下政府补助对科技型企业研发投入的作用机制可能存在差异，因此开展本章研究。本章的研究框架为：首先，介绍本章实证分析所用的数据、描述性统计、相关性分析及多重共线性检验；其次，探讨不同创新环境下政府补助对科技型企业研发投入的作用是否存在差异；再次，探讨不同创新环境下融资约束的中介机制是否存在差异；最后，探讨不同创新环境下信号传递的深层机制是否存在差异。

本章逻辑框架如图 7-1 所示，本章研究结构如图 7-2 所示。

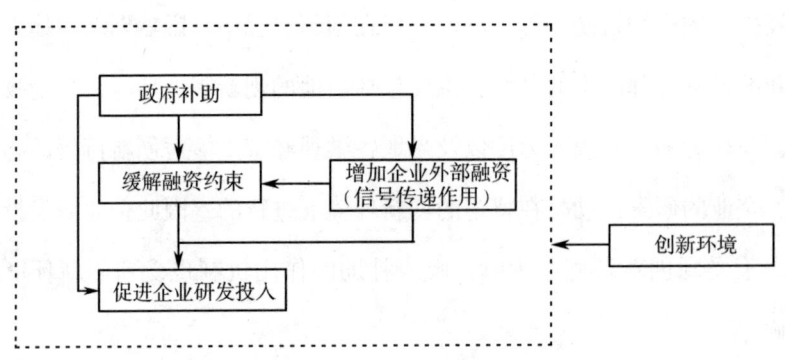

图 7-1 第七章逻辑框架

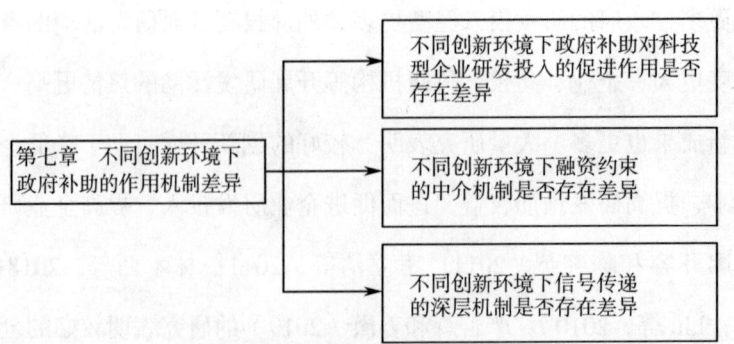

图 7-2 第七章研究结构

第一节 数据

一、研究数据

本章探讨不同创新环境下政府补助对科技型企业研发投入的作用机制是否存在差异，把本章数据样本分为两组：一组是创新环境较好组，另一组是创新环境较差组。全球知名商业杂志《福布斯》中文版从2010年起发布"中国大陆最具创新力城市"榜单。根据榜单的评价标准，上榜城市政府鼓励创新的政策力度更大，创新成果更多，创新环境较好，因此本章以此作为分组标准。2010~2017年，共有42个城市上榜"中国大陆最具创新力城市"榜单[①]。创新环境较好组为注册地址位于上榜的42个城市的企业，创新环境较差组为注册地址位于没有上榜的城市的企业。

本章第二节研究样本同第三章研究样本，样本容量为656家企业，共4425个有效观测样本，其中创新环境较好组共3328个有效观测样本，创新环境较差组共1097个有效观测样本。第三节、第四节研究样本同第四章、第五章研究样本，即为剔除没有获得政府补助的观测样本，样本容量为643家企业，共4163个有效观测样本，其中创新环境较好组共3135个有效观测样本，创新环境较差组共1028个有效观测

[①] 2010~2017年间上榜"中国大陆最具创新力城市"榜单的42个城市为：深圳、上海、苏州、北京、吴江、东莞、杭州、昆山、常熟、绍兴、张家港、无锡、广州、宁波、中山、太仓、大连、佛山、天津、宜兴、芜湖、台州、长沙、嘉兴、湖州、南通、合肥、扬州、常州、海门、镇江、慈溪、金华、南京、成都、青岛、武汉、重庆、西安、泉州、温州和珠海。

样本。

二、描述性统计

创新环境较好组各变量的描述性统计见表 7-1，创新环境较差组各变量的描述性统计见表 7-2。主要变量中，创新环境较好组科技型企业研发投入（$R\&D$）、政府是否补助（$DSubsidy$）、政府补助（$Subsidy$）、外源融资（$Exogfund$）、债权融资（$Debt$）和股权融资（$Equity$）均值较大，融资约束（FC）均值较小。可见，在创新环境较好城市中，政府对科技型企业的支持力度更大，企业的研发投入更多，外部投资者也更乐意投资企业。两组样本数据的外源融资（$Exogfund$）、债权融资（$Debt$）和股权融资（$Equity$）的变异系数均最大，表明两组样本数据的外源融资情况差异均较大。

表 7-1 创新环境较好组变量描述性统计

变量	均值	标准差	最小值	最大值	样本量
$R\&D$	17.138	0.928	13.594	21.344	3328
FC	−3.510	0.275	−4.358	−2.293	3328
$DSubsidy$	0.942	0.234	0.000	1.000	3328
$Subsidy$	14.428	3.802	0.000	19.142	3328
$Exogfund$	25.238	66.463	−233.876	727.010	3281
$Debt$	0.964	9.549	−80.431	173.391	3117
$Equity$	32.713	72.368	−83.878	847.414	3328
$Growth$	29.052	42.093	−84.023	668.445	3328
$Collateral$	14.269	11.548	0.134	67.913	3328
$Leverage$	29.708	17.101	1.105	103.724	3328
$Competition$	9.234	8.852	0.001	72.959	3328
$Size$	20.094	1.022	17.172	24.544	3328

表 7-2 创新环境较差组变量描述性统计

变量	均值	标准差	最小值	最大值	样本量
R&D	16.913	0.887	11.852	21.178	1097
FC	−3.500	0.262	−4.314	−2.502	1097
DSubsidy	0.937	0.243	0.000	1.000	1097
Subsidy	14.173	3.908	0.000	19.914	1097
Exogfund	21.632	56.768	−81.256	651.790	1088
Debt	0.734	9.123	−69.125	118.348	1019
Equity	28.875	63.010	−43.925	619.244	1097
Growth	26.596	65.037	−62.880	1690.820	1097
Collateral	19.973	12.375	0.752	73.455	1097
Leverage	31.237	16.635	1.103	80.322	1097
Competition	8.103	8.156	0.684	48.970	1097
Size	20.146	1.000	17.813	24.807	1097

三、相关性分析及多重共线性检验

创新环境较好组各变量的 Pearson 相关系数见表 7-3，各变量的 Spearman 相关系数见表 7-4；创新环境较差组各变量的 Pearson 相关系数见表 7-5，各变量的 Spearman 相关系数见表 7-6。大部分自变量的相关系数虽然显著，但相关系数绝对值较低，均低于 0.3。

回归共线性诊断计算结果显示：

（1）对于创新环境较好组（包括无政府补助样本），自变量矩阵的条件指数为 12.12（DSubsidy 为解释变量）和 11.72（Subsidy 为解释变量）。

表 7-3 创新环境较好组各变量的 Pearson 相关系数

变量	R&D	FC	DSubsidy	Subsidy	Exogfund	Debt
R&D	1					
FC	−0.516***	1				
DSubsidy	−0.137***	0.192***	1			
Subsidy	0.020	0.102***	0.942***	1		
Exogfund	−0.046***	−0.013	0.027	0.040**	1	
Debt	0.017	−0.038**	0.022	0.017	0.092***	1
Equity	−0.085***	0.035**	0.032*	0.037**	0.862***	−0.021
Growth	0.108***	0.024	0.019	0.029*	0.035**	0.079***
Collateral	−0.164***	−0.010	0.029*	0.002	−0.174***	−0.011
Leverage	0.103***	−0.054***	−0.035**	−0.037**	−0.174***	0.137***
Competition	0.123***	−0.037**	0.004	0.055***	−0.019	−0.026
Size	0.702***	−0.606***	−0.298***	−0.208***	−0.070***	0.033*

变量	Equity	Growth	Collateral	Leverage	Competition	Size
Equity	1					
Growth	0.079***	1				
Collateral	−0.171***	−0.060***	1			
Leverage	0.264***	0.153***	0.154***	1		
Competition	−0.001	−0.062***	−0.057***	−0.220***	1	
Size	−0.123***	0.191***	−0.016	0.322***	−0.061***	1

注：***、**、* 分别表示在 1%、5%、10% 水平上显著。

表 7-4 创新环境较好组各变量的 Spearman 相关系数

变量	R&D	FC	DSubsidy	Subsidy	Exogfund	Debt
R&D	1					
FC	−0.485***	1				
DSubsidy	−0.129***	0.194***	1			
Subsidy	0.380***	−0.100***	0.419***	1		
Exogfund	0.065***	−0.110***	−0.006	0.072***	1	
Debt	0.041**	−0.037**	0.003	0.002	0.135***	1
Equity	0.084***	−0.065***	−0.002	0.096***	0.589***	−0.027

续表

变量	R&D	FC	DSubsidy	Subsidy	Exogfund	Debt
Growth	0.146***	0.016	0.018	0.072***	0.179***	0.078***
Collateral	−0.148***	−0.033*	0.033*	−0.070***	−0.126***	−0.064***
Leverage	0.132***	−0.101***	−0.045**	0.006	0.145***	0.130***
Competition	0.111***	−0.023	0.005	0.159***	−0.099***	−0.019
Size	0.686***	−0.591***	−0.280***	0.096***	0.124***	0.054***

变量	Equity	Growth	Collateral	Leverage	Competition	Size
Equity	1					
Growth	0.170***	1				
Collateral	−0.185***	−0.063***	1			
Leverage	−0.134***	0.175***	0.136***	1		
Competition	−0.017	−0.067***	−0.106***	−0.222***	1	
Size	0.064***	0.195***	0.027	0.338***	−0.137***	1

注：***、**、* 分别表示在 1%、5%、10% 水平上显著。

表 7–5 创新环境较差组各变量的 Pearson 相关系数

变量	R&D	FC	DSubsidy	Subsidy	Exogfund	Debt
R&D	1					
FC	−0.496***	1				
DSubsidy	−0.120***	0.219***	1			
Subsidy	0.013	0.145***	0.940***	1		
Exogfund	−0.069**	−0.011	0.023	0.029	1	
Debt	0.044	−0.032	−0.036	−0.016	0.046	1
Equity	−0.124***	0.033	0.038	0.042	0.835***	0.052*
Growth	0.101***	−0.005	−0.103***	−0.105***	0.027	0.079**
Collateral	−0.031	0.051*	0.010	0.013	−0.248***	−0.080**
Leverage	0.100***	0.098***	−0.024	−0.027	−0.190***	0.112***
Competition	0.071**	−0.021	−0.006	−0.008	0.028	−0.014
Size	0.744***	−0.565***	−0.291***	−0.213***	−0.081***	0.043

续表

变量	Equity	Growth	Collateral	Leverage	Competition	Size
Equity	1					
Growth	0.088***	1				
Collateral	−0.231***	−0.062**	1			
Leverage	−0.258***	0.140***	0.106***	1		
Competition	0.037	−0.066**	−0.081***	−0.196***	1	
Size	−0.141***	0.160***	0.018	0.209***	−0.128***	1

注：***、**、*分别表示在1%、5%、10%水平上显著。

表7-6　创新环境较差组各变量的Spearman相关系数

变量	R&D	FC	DSubsidy	Subsidy	Exogfund	Debt
R&D	1					
FC	−0.481***	1				
DSubsidy	−0.136***	0.223***	1			
Subsidy	0.295***	−0.109***	0.434***	1		
Exogfund	0.019	−0.044	−0.032	−0.011	1	
Debt	0.040	−0.037	−0.057*	0.027	0.124***	1
Equity	−0.002	−0.020	0.012	0.038	0.550***	−0.001
Growth	0.113***	0.031	0.033	0.025	0.153***	0.071**
Collateral	−0.016	0.024	−0.002	0.025	−0.210***	−0.094***
Leverage	0.139***	−0.012	−0.040	0.015	0.049	0.077**
Competition	−0.002	−0.023	−0.029	−0.001	−0.070**	−0.041
Size	0.743***	−0.551***	−0.279***	0.054*	0.058*	0.038

变量	Equity	Growth	Collateral	Leverage	Competition	Size
Equity	1					
Growth	0.157***	1				
Collateral	−0.200***	−0.075**	1			
Leverage	−0.196***	0.173***	0.092***	1		
Competition	0.003	−0.076**	−0.163***	−0.227***	1	
Size	−0.026	0.154***	0.042	0.254***	−0.205***	1

注：***、**、*分别表示在1%、5%、10%水平上显著。

（2）对于创新环境较好组（剔除无政府补助样本），自变量矩阵的条件指数为 6.03（*Subsidy* 为解释变量）、29.64（*Subsidy* 和 *FC* 为解释变量）、6.49（*Subsidy* 和 *Exogfund* 为解释变量）、6.08（*Subsidy* 和 *Debt* 为解释变量）、6.68（*Subsidy* 和 *Equity* 为解释变量）、6.50（*Subsidy*、*Exogfund* 和 *Subsidy*×*Exogfund* 为解释变量）、6.71（*Subsidy*、*Debt*、*Equity* 和 *Subsidy*×*Debt* 为解释变量）和 6.71（*Subsidy*、*Debt*、*Equity* 和 *Subsidy*×*Equity* 为解释变量）。

（3）对于创新环境较差组（包括无政府补助样本），自变量矩阵的条件指数为 11.76（*DSubsidy* 为解释变量）和 11.43（*Subsidy* 为解释变量）。

（4）对于创新环境较差组（剔除无政府补助样本），自变量矩阵的条件指数为 6.38（*Subsidy* 为解释变量）、28.20（*Subsidy* 和 *FC* 为解释变量）、6.90（*Subsidy* 和 *Exogfund* 为解释变量）、6.41（*Subsidy* 和 *Debt* 为解释变量）、7.10（*Subsidy* 和 *Equity* 为解释变量）、6.97（*Subsidy*、*Exogfund* 和 *Subsidy*×*Exogfund* 为解释变量）、7.20（*Subsidy*、*Debt*、*Equity* 和 *Subsidy*×*Debt* 为解释变量）和 7.21（*Subsidy*、*Debt*、*Equity* 和 *Subsidy*×*Equity* 为解释变量）。

自变量矩阵的条件指数均小于 30，表明本章回归模型所涉及的自变量之间不存在多重共线性问题。

第二节 政府补助对企业研发投入的作用差异

在创新环境较好城市，政府除了为企业提供补助外，还实施了各种鼓励创新的政策，外部投资者也更乐意为科技型企业发展提供资金，因此政府补助除了直接促进科技型企业研发投入外，还能更好地引导外部投资者支持企业研发活动，引导企业积极开展研发活动。在创新环境较差城市，无论是政府的政策支持力度，还是外部投资者的投资热情，均比不上创新环境较好城市，科技型企业的研发成本更高，企业在为研发活动进行融资时也更为艰难，政府补助对科技型企业研发投入的促进作用可能不如创新环境较好城市。

为检验不同创新环境下政府补助对科技型企业研发投入的促进作用的差异，本节首先用创新环境较好组和创新环境较差组数据样本对式（3-1）和式（3-2）进行回归，回归结果如表7-7所示。对于创新环境较好组和创新环境较差组，式（3-1）回归结果中政府是否补助（$DSubsidy$）的系数和式（3-2）回归结果中政府补助（$Subsidy$）的系数均显著为正，表明：①科技型企业获得政府补助，企业研发投入显著增加；②科技型企业获得的政府补助越多，企业研发投入越多。

表7-7 不同创新环境下政府补助与企业研发投入回归结果

变量	创新环境较好组		创新环境较差组	
	式（3-1）	式（3-2）	式（3-1）	式（3-2）
$DSubsidy$	0.3707***		0.2929***	
	（7.89）		（3.70）	
$Subsidy$		0.0200***		0.0074**
		（3.37）		（2.30）
$Growth$	−0.0012***	0.0006**	−0.0002	0.0011***
	（−3.63）	（2.10）	（−0.49）	（5.75）
$Collateral$	0.0017	−0.0089***	0.0005	−0.0069***
	（1.20）	（−6.99）	（0.23）	（−4.47）
$Leverage$	−0.0029***	0.0061***	−0.0032**	0.0050***
	（−2.83）	（6.33）	（−2.29）	（4.03）

续表

变量	创新环境较好组		创新环境较差组	
	式（3-1）	式（3-2）	式（3-1）	式（3-2）
Competition	0.0131***	−0.0031	0.0211***	0.0040
	（2.97）	（−1.12）	（3.98）	（0.95）
Size	0.7030***	0.5389***	0.6833***	0.5718***
	（39.65）	（17.88）	（21.04）	（12.54）
控制时间	YES	YES	YES	YES
控制行业	YES	YES	YES	YES
控制地区	YES	YES	YES	YES
R^2	0.6954	0.6983	0.6465	0.6555
F	0.0000	0.0000	0.0000	0.0000
Obs.	3328	3323	1097	1094

注：括号中数字为 t 检验值，*** 表示 $p<0.01$，** 表示 $p<0.05$，* 表示 $p<0.10$。创新环境较好组数据中有 3328 个观测变量，其中有 5 个企业只有一年的数据，因此式（3-2）回归结果中的观测变量数为 3323；创新环境较差组数据中有 1097 个观测变量，其中有 3 个企业只有一年的数据，因此式（3-2）回归结果中的观测变量数为 1094。

对比创新环境较好组和创新环境较差组式（3-1）回归结果中政府是否补助（*DSubsidy*）的系数和式（3-2）回归结果中政府补助（*Subsidy*）的系数，发现对于创新环境较好组，政府是否补助（*DSubsidy*）和政府补助（*Subsidy*）的系数均大于创新环境较差组的相关系数。本节参考 Keil 等（2000），用统计方法比较不同创新环境下式（3-1）中政府是否补助（*DSubsidy*）的系数和式（3-2）中政府补助（*Subsidy*）的系数是否存在显著差异。通过计算可得，不同创新环境下，式（3-1）中政府是否补助（*DSubsidy*）的系数存在显著差异（t=39.43，p<0.01），式（3-2）中政府补助（*Subsidy*）的系数存在显著差异（t=63.28，p<0.01）。

结合表 7-7 回归结果和计算得出的 t 统计量可知，不同创新环境下，政府补助对科技型企业研发投入的促进作用存在差异，其中，政府补助对创新环境较好组科技型企业研发投入的促进作用较大。

第三节 融资约束的中介机制差异

上一节研究表明，政府补助对创新环境较好组科技型企业研发投入的促进作用更大。本节进一步探讨不同创新环境下融资约束在政府补助促进科技型企业研发投入中的中介机制是否存在差异。

第四章实证分析表明，政府补助能够通过缓解科技型企业融资约束促进企业研发投入，即融资约束在政府补助对科技型企业研发投入的促进作用中发挥着中介机制作用。对于不同创新环境城市科技型企业，政府对于企业研发活动的补助均能够直接增加企业可用于研发活动的资金，缓解企业融资约束，增加企业研发投入，因此，本书认为不同创新环境下融资约束均能在政府补助促进科技型企业研发投入中发挥中介机制作用。

一、创新环境较好组融资约束的中介机制

用创新环境较好组数据分别对第四章式（4-11）、式（4-12）和式（4-13）进行回归，得出创新环境较好组融资约束的中介机制回归结果，如表7-8、表7-9和表7-10所示。表7-8回归结果中，政府补助（Subsidy）的系数为正，在1%水平下显著，表明随着科技型企业获得的政府补助的增加，企业的研发投入增加。表7-9回归结果中，政府补助（Subsidy）的系数为正，在1%水平下显著，融资约束（FC）的系数为负，在1%水平下显著，表明随着科技型企业获得的政府补助的

增加，企业的研发投入增加；随着科技型企业融资约束程度的缓解，企业研发投入增加，且式（4–12）中政府补助（Subsidy）的系数小于式（4–11）中政府补助（Subsidy）的系数。表 7–10 回归结果中，政府补助（Subsidy）的系数为负，在 1% 水平下显著，表明随着科技型企业获得的政府补助的增加，企业融资约束程度缓解。逐步引入控制变量进行回归，表 7–8、表 7–9 和表 7–10 中主要解释变量的系数方向及显著性不变，表明回归结果是稳健的。

表 7–8　创新环境较好组融资约束的中介机制：政府补助与研发投入回归结果

变量	式（4–11）				
Subsidy	0.0996***	0.0992***	0.0941***	0.0902***	0.0899***
	（6.69）	（6.73）	（6.53）	（6.36）	（6.33）
Growth		0.0011***	0.0010***	0.0006**	0.0006**
		（4.07）	（3.86）	（2.21）	（2.13）
Collateral			−0.0067***	−0.0087***	−0.0086***
			（−5.57）	（−7.24）	（−7.19）
Leverage				0.0067***	0.0066***
				（7.72）	（7.67）
Competition					−0.0011
					（−0.39）
控制时间	YES	YES	YES	YES	YES
控制行业	YES	YES	YES	YES	YES
控制地区	YES	YES	YES	YES	YES
R^2	0.6999	0.7042	0.7090	0.7205	0.7206
F	0.0000	0.0000	0.0000	0.0000	0.0000
Obs.	3131	3131	3131	3131	3131

注：括号中数字为 t 检验值，*** 表示 p<0.01，** 表示 p<0.05，* 表示 p<0.10。剔除没有获得政府补助的观测变量后，创新环境较好组数据中有 3135 个观测变量，其中有 4 个企业只有一年的数据，因此回归结果中的观测变量数为 3131。

表 7-9 创新环境较好组融资约束的中介机制：
政府补助、融资约束与研发投入回归结果

变量	式（4-12）				
Subsidy	0.0895***	0.0895***	0.0874***	0.0804***	0.0801***
	（6.15）	（6.20）	（6.14）	（5.86）	（5.82）
FC	-1.0665***	-1.0356***	-0.9416***	-1.2279***	-1.2280***
	（-8.40）	（-7.94）	（-6.80）	（-9.25）	（-9.26）
Growth		0.0009***	0.0009***	0.0004	0.0003
		（3.58）	（3.51）	（1.36）	（1.30）
Collateral			-0.0039***	-0.0056***	-0.0056***
			（-3.12）	（-4.68）	（-4.66）
Leverage				0.0085***	0.0085***
				（9.72）	（9.72）
Competition					-0.0010
					（-0.35）
控制时间	YES	YES	YES	YES	YES
控制行业	YES	YES	YES	YES	YES
控制地区	YES	YES	YES	YES	YES
R^2	0.7145	0.7180	0.7195	0.7374	0.7375
F	0.0000	0.0000	0.0000	0.0000	0.0000
Obs.	3131	3131	3131	3131	3131

注：括号中数字为 t 检验值，*** 表示 p<0.01，** 表示 p<0.05，* 表示 p<0.10。剔除没有获得政府补助的观测变量后，创新环境较好组数据中有 3135 个观测变量，其中有 4 个企业只有一年的数据，因此回归结果中的观测变量数为 3131。

在融资约束的中介机制检验中，政府补助是自变量，融资约束是中介变量，研发投入是因变量。表 7-8 回归结果表明自变量显著影响因变量，表 7-9 回归结果表明中介变量有助于预测因变量，表 7-10 回归结果表明自变量显著影响中介变量。中介作用的三个条件同时满足，表明融资约束在政府补助促进创新环境较好组科技型企业研发投入的过程中发挥着中介机制作用。表 7-9 中政府补助（$Subsidy$）的系数显著，表明政府补助并不是完全通过缓解科技型企业融资约束来促进企业研发投入的。政府补助还可以通过弥补研发活动的正外部性溢出等方式促进企业研发投入。

表 7-10　创新环境较好组融资约束的中介机制：政府补助与融资约束回归结果

变量	式（4-13）				
$Subsidy$	−0.0094***	−0.0094***	−0.0071**	−0.0080***	−0.0080***
	（−2.89）	（−2.87）	（−2.26）	（−2.63）	（−2.60）
$Growth$		−0.0001**	−0.00008*	0.0002***	−0.0002***
		（−2.14）	（−1.67）	（3.65）	（−3.57）
$Collateral$			0.0030***	0.0025***	0.0025***
			（12.40）	（10.62）	（10.63）
$Leverage$				0.0015***	0.0015***
				（10.68）	（10.59）
$Competition$					0.0001
					（0.23）
控制时间	YES	YES	YES	YES	YES
控制行业	YES	YES	YES	YES	YES
控制地区	YES	YES	YES	YES	YES
R^2	0.8812	0.8817	0.8901	0.8957	0.8957
F	0.0000	0.0000	0.0000	0.0000	0.0000
Obs.	3131	3131	3131	3131	3131

注：括号中数字为 t 检验值，*** 表示 $p<0.01$，** 表示 $p<0.05$，* 表示 $p<0.10$。剔除没有获得政府补助的观测变量后，创新环境较好组数据中有 3135 个观测变量，其中有 4 个企业只有一年的数据，因此回归结果中的观测变量数为 3131。

二、创新环境较差组融资约束的中介机制

用创新环境较差组数据分别对第四章式（4-11）、式（4-12）和式（4-13）进行回归，得出创新环境较差组融资约束的中介机制回归结果，如表 7-11、表 7-12 和表 7-13 所示。表 7-11 回归结果中，政府补助（Subsidy）的系数为正，在 1% 水平下显著，表明随着科技型企业获得的政府补助的增加，企业的研发投入增加。表 7-12 回归结果中，政府补助（Subsidy）的系数为正，在 1% 水平下显著，融资约束（FC）的系数为负，在 1% 水平下显著，表明随着科技型企业获得的政府补助的增加，企业的研发投入增加；随着科技型企业融资约束程度的缓解，企业研发投入增加，且式（4-12）中政府补助（Subsidy）的系数小于式（4-11）中政府补助（Subsidy）的系数。表 7-13 回归结果中，政府补助（Subsidy）的系数为负，在 1% 水平下显著，表明随着科技型企业获得的政府补助的增加，企业融资约束程度缓解。逐步引入控制变量进行回归，表 7-11、表 7-12 和表 7-13 中政府补助（Subsidy）、融资约束（FC）的系数方向及显著性不变，表明回归结果是稳健的。

在融资约束的中介机制检验中，政府补助是自变量，融资约束是中介变量，研发投入是因变量。表 7-11 回归结果表明自变量显著影响因变量，表 7-12 回归结果表明中介变量有助于预测因变量，表 7-13 回归结果表明自变量显著影响中介变量。中介作用的三个条件同时满足，表明融资约束在政府补助促进创新环境较差组科技型企业研发投入的过程中发挥着中介机制作用。表 7-12 中政府补助（Subsidy）的系数显

著，表明政府补助并不是完全通过缓解科技型企业融资约束来促进企业研发投入的。政府补助还可以通过弥补研发活动的正外部性溢出等方式促进企业研发投入。

表 7-11 创新环境较差组融资约束的中介机制：
政府补助与研发投入回归结果

变量	式（4-11）				
Subsidy	0.0635***	0.0664***	0.0649***	0.0659***	0.0666***
	（4.05）	（4.22）	（4.12）	（4.20）	（4.28）
Growth		0.0011***	0.0011***	0.0008**	0.0009**
		（2.91）	（2.94）	（2.31）	（2.41）
Collateral			−0.0047***	−0.0060***	−0.0060***
			（−2.98）	（−3.81）	（−3.81）
Leverage				0.0045***	0.0046***
				（3.53）	（3.57）
Competition					0.0055
					（1.24）
控制时间	YES	YES	YES	YES	YES
控制行业	YES	YES	YES	YES	YES
控制地区	YES	YES	YES	YES	YES
R^2	0.6433	0.6489	0.6526	0.6588	0.6595
F	0.0000	0.0000	0.0000	0.0000	0.0000
Obs.	1027	1027	1027	1027	1027

注：括号中数字为 t 检验值，*** 表示 p<0.01，** 表示 p<0.05，* 表示 p<0.10。剔除没有获得政府补助的观测变量后，创新环境较差组数据中有 1028 个观测变量，其中有 1 个企业只有一年的数据，因此回归结果中的观测变量数为 1027。

表 7-12　创新环境较差组融资约束的中介机制：
政府补助、融资约束与研发投入回归结果

变量	式（4-12）				
Subsidy	0.0535***	0.0563***	0.0563***	0.0560***	0.0565***
	（3.51）	（3.67）	（3.66）	（3.69）	（3.74）
FC	-1.3724***	-1.3333***	-1.2833***	-1.5523***	-1.5438***
	（-6.48）	（-6.32）	（-5.72）	（-6.94）	（-6.88）
Growth		0.0010***	0.0010***	0.0006*	0.0006*
		（2.72）	（2.74）	（1.69）	（1.79）
Collateral			-0.0013	-0.0024	-0.0025
			（-0.79）	（-1.52）	（-1.54）
Leverage				0.0066***	0.0067***
				（5.11）	（5.13）
Competition					0.0042
					（1.00）
控制时间	YES	YES	YES	YES	YES
控制行业	YES	YES	YES	YES	YES
控制地区	YES	YES	YES	YES	YES
R^2	0.6650	0.6693	0.6696	0.6823	0.6827
F	0.0000	0.0000	0.0000	0.0000	0.0000
Obs.	1027	1027	1027	1027	1027

注：括号中数字为 t 检验值，*** 表示 p<0.01，** 表示 p<0.05，* 表示 p<0.10。剔除没有获得政府补助的观测变量后，创新环境较差组数据中有 1028 个观测变量，其中有 1 个企业只有一年的数据，因此回归结果中的观测变量数为 1027。

表 7–13　创新环境较差组融资约束的中介机制：政府补助与融资约束回归结果

变量	式（4–13）				
Subsidy	-0.0073***	-0.0076***	-0.0067***	-0.0064***	-0.0065***
	（-2.73）	（-2.84）	（-2.73）	（-2.67）	（-2.73）
Growth		-0.0001*	-0.0001**	0.0002***	-0.0002***
		（-1.94）	（-2.05）	（3.32）	（-3.34）
Collateral			0.0027***	0.0023***	0.0023***
			（8.28）	（7.14）	（7.13）
Leverage				0.0014***	0.0014***
				（6.44）	（6.38）
Competition					-0.0008
					（-1.07）
控制时间	YES	YES	YES	YES	YES
控制行业	YES	YES	YES	YES	YES
控制地区	YES	YES	YES	YES	YES
R^2	0.8974	0.8978	0.9082	0.9133	0.9134
F	0.0000	0.0000	0.0000	0.0000	0.0000
Obs.	1027	1027	1027	1027	1027

注：括号中数字为 t 检验值，*** 表示 $p<0.01$，** 表示 $p<0.05$，* 表示 $p<0.10$。剔除没有获得政府补助的观测变量后，创新环境较差组数据中有 1028 个观测变量，其中有 1 个企业只有一年的数据，因此回归结果中的观测变量数为 1027。

第四节　信号传递的深层机制差异

第五章实证分析表明，政府补助能够通过发挥信号传递作用缓解科技型企业融资约束，并刺激外源融资（尤其是股权融资）对科技型企业研发投入的促进作用。本节进一步探讨不同创新环境下信号传递在政府补助促进科技型企业研发投入中的深层机制是否存在差异。

在创新环境较好城市，企业创新的政策环境较好，科技型企业进行研发活动的热情较高，外部投资者也积极支持企业的研发活动，企业能够更多地从市场获得研发资金（严若森和姜潇，2019）。研发活动虽然具有高风险性，但是企业研发成功，企业获得的收益也较高，加之，在较好的创新环境下，企业研发的预期收益会显著提高（林木西等，2018）。因此，外部投资者倾向于更积极主动地参与到企业研发活动中，尤其是通过股权投资支持企业研发，期望在企业研发成功后获得比借贷利率更高的收益率。政府补助能够刺激外源融资（尤其是股权融资）对企业研发投入的促进作用。

在创新环境较差城市，企业创新的政策环境不如创新环境较好城市，科技型企业的研发热情也不足，外部投资者支持企业研发活动的积极性也较差。因此，政府补助能够缓解科技型企业融资约束从而促进企业研发投入，但外部投资者的研发热情不足，政府补助难以刺激外源融资对企业研发投入的促进作用。

基于上述分析，本书认为不同创新环境下信号传递在政府补助促进科技型企业研发投入中的深层机制可能存在差异。

一、创新环境较好组信号传递的深层机制

首先，探讨对于创新环境较好组，政府补助能否发挥信号传递作用。用创新环境较好组数据分别对第五章式（5-1）、式（5-2）和式（5-3）进行回归，得出创新环境较好组政府补助的信号传递作用回归结果，如表 7-14、表 7-15 和表 7-16 所示。表 7-14 回归结果中，政府补助（Subsidy）的系数显著为正，表明政府补助能够发挥信号传递

作用，增加科技型企业获得的外源融资。表 7-15 回归结果中，政府补助（Subsidy）的系数不显著，表明政府补助的增加并不能促进科技型企业债权融资的增加。表 7-16 回归结果中，政府补助（Subsidy）的系数显著为正，表明政府补助的信号传递作用主要体现在增加科技型企业获得的股权融资上。逐步引入控制变量进行回归，表 7-14、表 7-15 和表 7-16 中政府补助（Subsidy）的系数方向不变，表明回归结果是稳健的。

表 7-14 创新环境较好组政府补助与科技型企业外源融资回归结果

变量	式(5-1)				
Subsidy	6.6739***	6.7043***	4.7446**	5.5931**	5.3010**
	(2.85)	(2.86)	(2.05)	(2.51)	(2.37)
Growth		−0.0652**	−0.0838**	0.0057	−0.0039
		(−2.02)	(−2.56)	(0.19)	(−0.13)
Collateral			−2.4799***	−2.0495***	−2.0022***
			(−12.12)	(−10.35)	(−10.21)
Leverage				−1.4135***	−1.4594***
				(−9.91)	(−10.20)
Competition					−0.9492*
					(−1.80)
控制时间	YES	YES	YES	YES	YES
控制行业	YES	YES	YES	YES	YES
控制地区	YES	YES	YES	YES	YES
R^2	0.0939	0.0953	0.1514	0.1971	0.1989
F	0.0000	0.0000	0.0000	0.0000	0.0000
Obs.	3082	3082	3082	3082	3082

注：括号中数字为 t 检验值，*** 表示 p<0.01，** 表示 p<0.05，* 表示 p<0.10。

表 7-15 创新环境较好组政府补助与科技型企业债权融资回归结果

变量			式（5-2）		
Subsidy	−0.5799	−0.5875	−0.6490	−0.7545	−0.7099
	（−0.97）	（−0.98）	（−1.08）	（−1.27）	（−1.20）
Growth		0.0154**	0.0149**	0.0053	0.0067
		（2.51）	（2.43）	（0.83）	（1.04）
Collateral			−0.0704	−0.1158***	−0.1224***
			（−1.61）	（−2.67）	（−2.81）
Leverage				0.1575***	0.1653***
				（5.66）	（5.86）
Competition					0.1440
					（1.32）
控制时间	YES	YES	YES	YES	YES
控制行业	YES	YES	YES	YES	YES
控制地区	YES	YES	YES	YES	YES
R^2	0.0052	0.0094	0.0112	0.0377	0.0401
F	0.0349	0.0070	0.0035	0.0000	0.0000
Obs.	2921	2921	2921	2921	2921

注：括号中数字为 t 检验值，*** 表示 p<0.01，** 表示 p<0.05，* 表示 p<0.10。

表 7-16 创新环境较好组政府补助与科技型企业股权融资回归结果

变量			式（5-3）		
Subsidy	6.1359**	6.1288**	4.1299*	5.4261**	5.0318**
	（2.40）	（2.39）	（1.65）	（2.34）	（2.16）
Growth		0.0213	−0.0002	0.1401***	0.1270***
		（0.53）	（−0.01）	（3.75）	（3.29）
Collateral			−2.6112***	−1.9412***	−1.8785***
			（−11.80）	（−9.57）	（−9.35）
Leverage				−2.2113***	−2.2725***
				（−15.68）	（−16.16）

续表

变量	式（5-3）				
Competition					−1.2437**
					（−2.32）
控制时间	YES	YES	YES	YES	YES
控制行业	YES	YES	YES	YES	YES
控制地区	YES	YES	YES	YES	YES
R^2	0.1008	0.1010	0.1561	0.2528	0.2556
F	0.0000	0.0000	0.0000	0.0000	0.0000
Obs.	3131	3131	3131	3131	3131

注：括号中数字为 t 检验值，*** 表示 $p<0.01$，** 表示 $p<0.05$，* 表示 $p<0.10$。

对于创新环境较好组，政府补助能够发挥信号传递作用，增加科技型企业获得的外源融资（尤其是股权融资）。得出这些结果后，探讨政府补助能否通过发挥信号传递作用缓解科技型企业融资约束。

用创新环境较好组数据分别对第五章式（5-4）至式（5-9）进行回归。其中，式（5-4）、式（5-7）和式（4-13）相同，回归结果见表 7-10；式（5-6）和式（5-1）相同，回归结果见表 7-14；式（5-9）和式（5-3）相同，回归结果见表 7-16；式（5-5）和式（5-8）回归结果见表 7-17 和表 7-18。表 7-17 回归结果中，政府补助（Subsidy）的系数不显著，外源融资（Exogfund）的系数显著为负，表明随着企业获得的外源融资的增加，企业的融资约束缓解。表 7-18 回归结果中，政府补助（Subsidy）的系数随着控制变量的加入，由不显著变为显著，股权融资（Equity）的系数显著为负，表明随着科技型企业获得政府补助的增加，企业的融资约束缓解。

表 7-17　创新环境较好组政府补助、外源融资与融资约束回归结果

变量	式（5-5）				
Subsidy	−0.0008*	−0.0008	−0.0007	−0.0009	−0.0009
	（−0.91）	（−0.90）	（−0.89）	（−1.10）	（−1.15）
Exogfund	−0.0005***	−0.0005***	−0.0004***	−0.0004***	−0.0004***
	（−16.91）	（−17.22）	（−15.92）	（−14.99）	（−15.01）
Growth		−0.0002***	−0.0001***	−0.0002***	−0.0002***
		（−4.04）	（−3.61）	（−5.04）	（−5.06）
Collateral			0.0019***	0.0017***	0.0017***
			（8.90）	（7.99）	（8.06）
Leverage				0.0010***	0.0010***
				（7.73）	（7.62）
Competition					−0.0003
					（−0.69）
控制时间	YES	YES	YES	YES	YES
控制行业	YES	YES	YES	YES	YES
控制地区	YES	YES	YES	YES	YES
R^2	0.9029	0.9039	0.9073	0.9098	0.9098
F	0.0000	0.0000	0.0000	0.0000	0.0000
Obs.	3275	3275	3275	3275	3275

注：括号中数字为 t 检验值，*** 表示 $p<0.01$，** 表示 $p<0.05$，* 表示 $p<0.10$。

创新环境较好组式（5-4）至式（5-6）回归结果表明，政府补助能够完全通过发挥信号传递作用（增加企业获得的外源融资）缓解科技型企业融资约束。创新环境较好组式（5-7）至式（5-9）回归结果表明，政府补助能够通过增加科技型企业获得的股权融资缓解科技型企业融资约束。

表 7-18 创新环境较好组政府补助、股权融资与融资约束回归结果

变量	式(5-8)				
Subsidy	−0.0013	−0.0013	−0.0013	−0.0013*	−0.0014*
	(−1.64)	(−1.64)	(−1.59)	(−1.71)	(−1.73)
Equity	−0.0005***	−0.0005***	−0.0004***	−0.0004***	−0.0004***
	(−19.20)	(−19.24)	(−17.48)	(−15.23)	(−15.17)
Growth		−0.0001**	−0.0001*	−0.0001***	−0.0001***
		(−2.29)	(−1.94)	(−2.86)	(−2.88)
Collateral			0.0019***	0.0018***	0.0018***
			(8.83)	(8.32)	(8.37)
Leverage				0.0007***	0.0007***
				(5.28)	(5.15)
Competition					−0.0002
					(−0.37)
控制时间	YES	YES	YES	YES	YES
控制行业	YES	YES	YES	YES	YES
控制地区	YES	YES	YES	YES	YES
R^2	0.9029	0.9033	0.9067	0.9078	0.9078
F	0.0000	0.0000	0.0000	0.0000	0.0000
Obs.	3323	3323	3323	3323	3323

注：括号中数字为 t 检验值，*** 表示 p<0.01，** 表示 p<0.05，* 表示 p<0.10。

最后，探讨对于创新环境较好组，政府补助能否刺激外源融资对科技型企业研发投入的促进作用。用创新环境较好组数据分别对第五章式(5-10)、式(5-11)、式(5-12)进行回归，回归结果见表 7-19、表 7-20、表 7-21。

表 7-19 回归结果中，政府补助（Subsidy）与外源融资（Exogfund）交互项的系数显著为正，表明政府补助的增加能够刺激外源融资对科技型企业研发投入的促进作用。表 7-20 回归结果中，政府补助

（Subsidy）与债权融资（Debt）交互项的系数不显著，表明政府补助的增加并不能刺激债权融资对科技型企业研发投入的促进作用。表 7-21 回归结果中，政府补助（Subsidy）与股权融资（Equity）交互项的系数显著为正，表明政府补助的增加能够刺激股权融资对科技型企业研发投入的促进作用。逐步引入控制变量进行回归，表 7-19 至表 7-21 主要解释变量的系数显著性和方向未发生改变，表明回归结果是稳健的。

表 7-19　创新环境较好组政府补助、外源融资与科技型企业研发投入回归结果

变量	式（5-10）				
Subsidy	0.0997***	0.0990***	0.0941***	0.0890***	0.0888***
	（6.69）	（6.71）	（6.56）	（6.28）	（6.25）
Exogfund	−0.00009	−0.00006	−0.0003**	1.97e−06	−1.49e−07
	（−0.72）	（−0.50）	（−2.05）	（0.01）	（−0.00）
Subsidy × Exogfund	0.0002**	0.0003**	0.0003**	0.0002**	0.0002**
	（2.16）	（2.22）	（2.31）	（2.23）	（2.20）
Growth		0.0012***	0.0011***	0.0007***	0.0007***
		（4.70）	（4.43）	（2.80）	（2.72）
Collateral			−0.0078***	−0.0091***	−0.0091***
			（−6.15）	（−7.35）	（−7.32）
Leverage				0.0066***	0.0066***
				（7.30）	（7.25）
Competition					−0.0009
					（−0.33）
控制时间	YES	YES	YES	YES	YES
控制行业	YES	YES	YES	YES	YES
控制地区	YES	YES	YES	YES	YES
R^2	0.7001	0.7052	0.7112	0.7225	0.7225
F	0.0000	0.0000	0.0000	0.0000	0.0000
Obs.	3082	3082	3082	3082	3082

注：括号中数字为 t 检验值，*** 表示 $p<0.01$，** 表示 $p<0.05$，* 表示 $p<0.10$。

表 7-20　创新环境较好组政府补助、债权融资与科技型企业研发投入回归结果

变量	式（5-11）				
Subsidy	0.0994***	0.0990***	0.0929***	0.0877***	0.0878***
	（5.94）	（6.00）	（5.80）	（5.53）	（5.52）
Debt	0.0003	−0.00007	−0.0003	−0.0013	−0.0013
	（0.34）	（−0.07）	（−0.37）	（−1.39）	（−1.39）
Equity	−0.0002	−0.0002	−0.0003***	−0.00007	−0.00007
	（−1.46）	（−1.61）	（−3.06）	（−0.59）	（−0.58）
Subsidy × Debt	0.0006	0.0003	0.0003	0.0002	0.0002
	（0.86）	（0.47）	（0.48）	（0.36）	（0.36）
Growth		0.0011***	0.0011***	0.0008***	0.0008***
		（4.65）	（4.50）	（3.00）	（2.98）
Collateral			−0.0076***	−0.0087***	−0.0087***
			（−6.30）	（−7.31）	（−7.28）
Leverage				0.0060***	0.0061***
				（6.27）	（6.23）
Competition					0.0005
					（0.17）
控制时间	YES	YES	YES	YES	YES
控制行业	YES	YES	YES	YES	YES
控制地区	YES	YES	YES	YES	YES
R^2	0.6627	0.6694	0.6763	0.6864	0.6864
F	0.0000	0.0000	0.0000	0.0000	0.0000
Obs.	2921	2921	2921	2921	2921

注：括号中数字为 t 检验值，*** 表示 $p<0.01$，** 表示 $p<0.05$，* 表示 $p<0.10$。

表 7-21　创新环境较好组政府补助、股权融资与科技型企业研发投入回归结果

变量	式（5-12）				
Subsidy	0.0991***	0.0985***	0.0925***	0.0874***	0.0876***
	（5.91）	（5.97）	（5.75）	（5.51）	（5.49）
Debt	0.00009	−0.0002	−0.0005	−0.0014	−0.0014
	（0.09）	（−0.24）	（−0.54）	（−1.53）	（−1.54）
Equity	−0.0002	−0.0002*	−0.0003***	−0.00008	−0.00008
	（−1.50）	（−1.66）	（−3.14）	（−0.68）	（−0.66）
Subsidy × Equity	0.0003***	0.0002***	0.0002**	0.0002**	0.0002**
	（2.75）	（2.63）	（2.56）	（2.06）	（2.07）
Growth		0.0011***	0.0011***	0.0007***	0.0007***
		（4.61）	（4.46）	（2.98）	（2.96）
Collateral			−0.0076***	−0.0087***	−0.0087***
			（−6.35）	（−7.34）	（−7.33）
Leverage				0.0060***	0.0060***
				（6.18）	（6.16）
Competition					0.0008
					（0.27）
控制时间	YES	YES	YES	YES	YES
控制行业	YES	YES	YES	YES	YES
控制地区	YES	YES	YES	YES	YES
R^2	0.6645	0.6709	0.6779	0.6876	0.6876
F	0.0000	0.0000	0.0000	0.0000	0.0000
Obs.	2921	2921	2921	2921	2921

注：括号中数字为 t 检验值，*** 表示 $p<0.01$，** 表示 $p<0.05$，* 表示 $p<0.10$。

对于创新环境较好组科技型企业，政府补助能够发挥信号传递作用，增加企业获得的外源融资（尤其是股权融资），能够通过发挥信号传递作用缓解企业融资约束，且政府补助能够刺激外源融资（尤其是股权融资）对企业研发投入的促进作用。创新环境较好组信号传递的深层机制如图7-3所示。

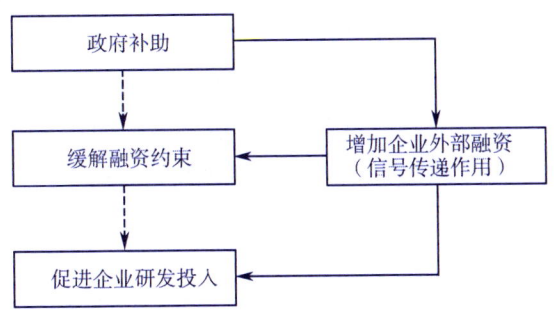

图7-3　创新环境较好组信号传递的深层机制

二、创新环境较差组信号传递的深层机制

首先，探讨对于创新环境较差组，政府补助能否发挥信号传递作用。用创新环境较差组数据分别对第五章式（5-1）、式（5-2）和式（5-3）进行回归，得出创新环境较差组政府补助的信号传递作用回归结果，如表7-22、表7-23和表7-24所示。表7-22回归结果中，政府补助（$Subsidy$）的系数显著为正，表明政府补助能够发挥信号传递作用，增加科技型企业获得的外源融资。表7-23回归结果中，政府补助（$Subsidy$）的系数不显著，表明政府补助的增加并不能促进科技型企业债权融资的增加。表7-24回归结果中，政府补助（$Subsidy$）的系数显著为正，表明政府补助的信号传递作用主要体现在增加科技型企业

获得的股权融资上。逐步引入控制变量进行回归，表 7-22、表 7-23 和表 7-24 中主要解释变量的系数显著性和方向未发生改变，且仍然显著，表明回归结果是稳健的。

表 7-22 创新环境较差组政府补助与科技型企业外源融资回归结果

变量	式（5-1）				
Subsidy	4.9243***	4.7832**	4.1670**	3.8883**	3.7752**
	（2.64）	（2.57）	（2.34）	（2.30）	（2.25）
Growth		−0.0515	−0.0534	0.0192	0.0097
		（−1.23）	（−1.24）	（0.52）	（0.24）
Collateral			−1.9873***	−1.6362***	−1.6303***
			（−8.27）	（−7.68）	（−7.65）
Leverage				−1.2682***	−1.2839***
				（−5.92）	（−6.04）
Competition					−1.0736
					（−1.49）
控制时间	YES	YES	YES	YES	YES
控制行业	YES	YES	YES	YES	YES
控制地区	YES	YES	YES	YES	YES
R^2	0.1611	0.1623	0.2276	0.2763	0.2790
F	0.0000	0.0000	0.0000	0.0000	0.0000
Obs.	1019	1019	1019	1019	1019

注：括号中数字为 t 检验值，*** 表示 $p<0.01$，** 表示 $p<0.05$，* 表示 $p<0.10$。

表 7-23 创新环境较差组政府补助与科技型企业债权融资回归结果

变量	式（5-2）				
Subsidy	0.4588	0.4996	0.4480	0.4766	0.4754
	（1.53）	（1.62）	（1.48）	（1.59）	（1.59）
Growth		0.0209**	0.0206**	0.0137	0.0136
		（2.05）	（2.06）	（1.51）	（1.52）

续表

变量			式(5-2)		
Collateral			−0.1336*	−0.1709**	−0.1708**
			(−1.75)	(−2.08)	(−2.08)
Leverage				0.1212***	0.1210***
				(3.08)	(3.10)
Competition					−0.0114
					(−0.08)
控制时间	YES	YES	YES	YES	YES
控制行业	YES	YES	YES	YES	YES
控制地区	YES	YES	YES	YES	YES
R^2	0.0229	0.0315	0.0433	0.0699	0.0613
F	0.0749	0.0897	0.1169	0.0606	0.0567
Obs.	947	947	947	947	947

注：括号中数字为t检验值，*** 表示 $p<0.01$，** 表示 $p<0.05$，* 表示 $p<0.10$。

表 7-24　创新环境较差组政府补助与科技型企业股权融资回归结果

变量			式(5-3)		
Subsidy	5.4804**	5.4586**	4.7886**	4.3803**	4.2451**
	(2.55)	(2.53)	(2.32)	(2.29)	(2.24)
Growth		−0.0083	−0.0111	0.0939**	0.0831*
		(−0.18)	(−0.24)	(2.07)	(1.90)
Collateral			−2.1505***	−1.6445***	−1.6390***
			(−8.01)	(−6.79)	(−6.80)
Leverage				−1.8407***	−1.8575***
				(−8.52)	(−8.62)
Competition					−1.1906
					(−1.60)
控制时间	YES	YES	YES	YES	YES
控制行业	YES	YES	YES	YES	YES

续表

变量	式（5-3）				
控制地区	YES	YES	YES	YES	YES
R^2	0.1627	0.1627	0.2272	0.3133	0.3161
F	0.0000	0.0000	0.0000	0.0000	0.0000
Obs.	1027	1027	1027	1027	1027

注：括号中数字为 t 检验值，*** 表示 $p<0.01$，** 表示 $p<0.05$，* 表示 $p<0.10$。

对于创新环境较差组，政府补助能够发挥信号传递作用，增加科技型企业获得的外源融资（尤其是股权融资）。得出这些结果后，探讨政府补助能否通过发挥信号传递作用缓解科技型企业融资约束。

将创新环境较差组数据分别对第五章式（5-4）至式（5-9）进行回归。其中，式（5-4）、式（5-7）和式（4-13）相同，回归结果见表7-13；式（5-6）和式（5-1）相同，回归结果见表7-22；式（5-9）和式（5-3）相同，回归结果见表7-24；式（5-5）和式（5-8）回归结果见表7-25和表7-26。表7-25 回归结果中，政府补助（Subsidy）和外源融资（Exogfund）的系数显著为负，表明随着科技型企业获得的政府补助的增加，企业的融资约束缓解；随着企业获得的外源融资的增加，企业的融资约束缓解。表7-26 回归结果中，政府补助（Subsidy）和股权融资（Equity）的系数显著为负，表明随着科技型企业获得的政府补助的增加，企业的融资约束缓解；随着企业获得的股权融资的增加，企业的融资约束缓解。

创新环境较差组式（5-4）至式（5-6）回归结果表明，政府补助能够通过发挥信号传递作用（增加企业获得的外源融资）缓解科技型企业融资约束。创新环境较差组式（5-7）至式（5-9）回归结果表明，政府补助能够通过增加科技型企业获得的股权融资缓解科技型企业融资约束。

表7-25 创新环境较差组政府补助、外源融资与融资约束回归结果

变量			式（5-5）		
Subsidy	−0.0049**	−0.0052**	−0.0049**	−0.0049**	−0.0050**
	(−2.01)	(−2.16)	(−2.16)	(−2.17)	(−2.25)
Exogfund	−0.0005***	−0.0005***	−0.0004***	−0.0004***	−0.0004***
	(−10.24)	(−10.29)	(−9.41)	(−8.45)	(−8.49)
Growth		−0.0001**	−0.0001**	−0.0002***	−0.0002***
		(−2.26)	(−2.34)	(−3.02)	(−3.05)
Collateral			0.0019***	0.0017***	0.0017***
			(6.26)	(5.65)	(5.62)
Leverage				0.0009***	0.0009***
				(4.27)	(4.15)
Competition					−0.0013*
					(−1.69)
控制时间	YES	YES	YES	YES	YES
控制行业	YES	YES	YES	YES	YES
控制地区	YES	YES	YES	YES	YES
R^2	0.9139	0.9146	0.9194	0.9215	0.9218
F	0.0000	0.0000	0.0000	0.0000	0.0000
Obs.	1019	1019	1019	1019	1019

注：括号中数字为t检验值，*** 表示p<0.01，** 表示p<0.05，* 表示p<0.10。

表 7-26 创新环境较差组政府补助、股权融资与融资约束回归结果

变量			式（5-8）		
Subsidy	–0.0047**	–0.0050**	–0.0048**	–0.0050**	–0.0050**
	（–2.02）	（–2.14）	（–2.14）	（–2.17）	（–2.26）
Equity	–0.0005***	–0.0005***	–0.0004***	–0.0004***	–0.0004***
	（–11.57）	（–11.60）	（–10.54）	（–9.26）	（–9.35）
Growth		–0.0001**	–0.0001**	–0.0001***	–0.0002***
		（–2.07）	（–2.15）	（–2.78）	（–2.86）
Collateral			0.0018***	0.0017***	0.0017***
			（6.07）	（5.68）	（5.67）
Leverage				0.0007***	0.0007***
				（3.43）	（3.30）
Competition					–0.0013*
					（–1.72）
控制时间	YES	YES	YES	YES	YES
控制行业	YES	YES	YES	YES	YES
控制地区	YES	YES	YES	YES	YES
R^2	0.9165	0.9169	0.9213	0.9225	0.9229
F	0.0000	0.0000	0.0000	0.0000	0.0000
Obs.	1027	1027	1027	1027	1027

注：括号中数字为 t 检验值，*** 表示 p<0.01，** 表示 p<0.05，* 表示 p<0.10。

最后，探讨对于创新环境较差组，政府补助能否刺激外源融资对科技型企业研发投入的促进作用。用创新环境较差组数据分别对第五章式（5-10）、式（5-11）、式（5-12）进行回归，回归结果见表 7-27、表 7-28、表 7-29。

表 7-27 回归结果中，政府补助（Subsidy）与外源融资（Exogfund）交互项的不显著，表明政府补助的增加并不能刺激外源融资对科技型企

业研发投入的促进作用。表 7-28 回归结果中，政府补助（Subsidy）与债权融资（Debt）交互项的系数显著为正，表明政府补助的增加能够刺激债权融资对科技型企业研发投入的促进作用，但是政府补助的增加并不能促进企业债权融资的增加，更不能通过增加企业获得的债权融资从而促进企业研发投入，因此，对于创新环境较差组，政府补助对科技型企业研发投入的这一作用机制不成立，这一实证结果只能表明政府补助的增加使科技型企业将已获得的债权融资资金更多地分配到企业研发活动上。表 7-29 回归结果中，政府补助（Subsidy）与股权融资（Equity）交互项的系数不显著，表明政府补助的增加并不能刺激股权融资对科技型企业研发投入的促进作用。逐步引入控制变量进行回归，表 7-27 至表 7-29 主要解释变量的系数显著性和方向未发生改变，表明回归结果是稳健的。

表 7-27　创新环境较差组政府补助、外源融资与科技型企业研发投入回归结果

变量	式（5-10）				
Subsidy	0.0670***	0.0696***	0.0693***	0.0690***	0.0694***
	（4.19）	（4.35）	（4.33）	（4.34）	（4.39）
Exogfund	−0.0003	−0.0003	−0.0005	0.0003	−0.0003
	（−1.08）	（−0.96）	（−1.71）	（0.83）	（−0.93）
Subsidy × Exogfund	0.0003	0.0002	0.0003	0.0003	0.0002
	（0.84）	（0.78）	（0.97）	（0.83）	（0.80）
Growth		0.0010***	0.0010***	0.0008**	0.0009**
		（2.80）	（2.82）	（2.25）	（2.36）
Collateral			−0.0057***	−0.0064***	−0.0064***
			（−3.37）	（−3.86）	（−3.84）
Leverage				0.0041***	0.0042***
				（3.20）	（3.26）

变量	式（5-10）				
Competition					0.0054
					（1.25）
控制时间	YES	YES	YES	YES	YES
控制行业	YES	YES	YES	YES	YES
控制地区	YES	YES	YES	YES	YES
R^2	0.6452	0.6503	0.6553	0.6601	0.6608
F	0.0000	0.0000	0.0000	0.0000	0.0000
Obs.	1019	1019	1019	1019	1019

注：括号中数字为 t 检验值，*** 表示 p<0.01，** 表示 p<0.05，* 表示 p<0.10。

表 7-28 创新环境较差组政府补助、债权融资与科技型企业研发投入回归结果

变量	式（5-11）				
Subsidy	0.0577***	0.0599***	0.0585***	0.0582***	0.0590***
	（3.75）	（3.89）	（3.83）	（3.83）	（3.93）
Debt	0.0020	0.0016	0.0012	0.0007	0.0007
	（1.52）	（1.19）	（0.96）	（0.57）	（0.58）
Equity	−0.0003	−0.0003	−0.0005*	−0.0002	−0.0002
	（−1.03）	（−1.01）	（−1.68）	（−0.86）	（−0.76）
Subsidy × Debt	0.0040***	0.0039***	0.0035***	0.0032**	0.0031**
	（3.28）	（3.26）	（2.81）	（2.55）	（2.53）
Growth		0.0011***	0.0011***	0.0009**	0.0010**
		（2.76）	（2.82）	（2.38）	（2.49）
Collateral			−0.0059***	−0.0067***	−0.0068***
			（−3.39）	（−3.94）	（−3.94）
Leverage				0.0037***	0.0039***
				（2.66）	（2.80）
Competition					0.0092*
					（1.95）

续表

变量	式（5-11）				
控制时间	YES	YES	YES	YES	YES
控制行业	YES	YES	YES	YES	YES
控制地区	YES	YES	YES	YES	YES
R^2	0.5799	0.5871	0.5937	0.5982	0.6005
F	0.0000	0.0000	0.0000	0.0000	0.0000
Obs.	947	947	947	947	947

注：括号中数字为t检验值，*** 表示 p<0.01，** 表示 p<0.05，* 表示 p<0.10。

表7-29　创新环境较差组政府补助、股权融资与科技型企业研发投入回归结果

变量	式（5-12）				
Subsidy	0.0540***	0.0563***	0.0557***	0.0555***	0.0562***
	（3.44）	（3.60）	（3.61）	（3.59）	（3.69）
Debt	0.0030**	0.0026*	0.0020	0.0015	0.0015
	（2.09）	（1.80）	（1.46）	（1.09）	（1.09）
Equity	−0.0002	−0.0002	−0.0004**	−0.0002	−0.0002
	（−0.81）	（−0.79）	（−1.56）	（−0.75）	（−0.65）
Subsidy × Equity	0.0001	0.0001	0.0002	0.0001	0.0001
	（0.54）	（0.46）	（0.69）	（0.53）	（0.50）
Growth		0.0011***	0.0011***	0.0009**	0.0010**
		（2.77）	（2.82）	（2.38）	（2.49）
Collateral			−0.0065***	−0.0072***	−0.0073***
			（−3.66）	（−4.18）	（−4.17）
Leverage				0.0037***	0.0040***
				（2.67）	（2.82）
Competition					0.0090*
					（1.90）
控制时间	YES	YES	YES	YES	YES
控制行业	YES	YES	YES	YES	YES

续表

变量	式（5-12）				
控制地区	YES	YES	YES	YES	YES
R^2	0.5761	0.5835	0.5915	0.5960	0.5982
F	0.0000	0.0000	0.0000	0.0000	0.0000
Obs.	947	947	947	947	947

注：括号中数字为 t 检验值，*** 表示 $p<0.01$，** 表示 $p<0.05$，* 表示 $p<0.10$。

对于创新环境较差组科技型企业，政府补助能够发挥信号传递作用，增加企业获得的外源融资（尤其是股权融资），能够通过发挥信号传递作用缓解企业融资约束，但政府补助并不能刺激外源融资（尤其是股权融资）对企业研发投入的促进作用。这可能是由于在创新环境较差城市，政府补助虽然能够直接增加科技型企业可用于研发活动的资金，增加企业外源融资，但外部投资者对企业的研发活动的支持力度较小，企业增加的外源融资很多并不是关于研发活动的融资。值得注意的是，虽然政府补助的增加并不能促进创新环境较差组科技型企业获得更多债权融资，但是政府补助的增加能够影响企业债权融资资金的分配，使得企业将债权融资资金更多地分配到企业研发活动上。创新环境较差组信号传递的深层机制如图 7-4 所示。

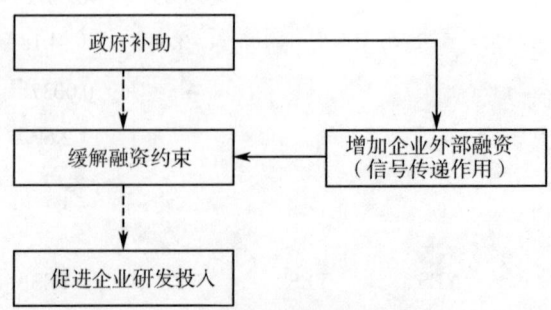

图 7-4　创新环境较差组信号传递的深层机制

第五节 本章小结

本章探讨不同创新环境下政府补助对科技型企业研发投入的作用机制是否存在差异。本章将 2009~2017 年深圳创业板上市公司样本分为创新环境较好组和创新环境较差组，一是探讨不同创新环境下政府补助对科技型企业研发投入的作用是否存在差异；二是探讨不同创新环境下融资约束的中介机制是否存在差异；三是探讨不同创新环境下信号传递的深层机制是否存在差异。

本章通过实证分析，得出以下结论：

第一，不同创新环境下，政府补助均能促进科技型企业研发投入，但政府补助对科技型企业研发投入的促进作用存在差异，其中，政府补助对创新环境较好组科技型企业研发投入的促进作用较大。

第二，不同创新环境下，融资约束均在政府补助促进科技型企业研发投入中发挥中介机制作用，即融资约束的中介机制不存在差异。

第三，不同创新环境下，政府补助均能通过发挥信号传递作用缓解科技型企业融资约束，但信号传递在政府补助促进科技型企业研发投入中的深层机制存在差异，差异在于：对于创新环境较好组，政府补助能够刺激外源融资（尤其是股权融资）对科技型企业研发投入的促进作用；对于创新环境较差组，政府补助并不能刺激外源融资（尤其是股权融资）对科技型企业研发投入的促进作用，但政府补助的增加能够影响企业债权融资资金的分配，使得企业将债权融资资金更多地分配到企业研发活动上。

本章研究结论表明，不同创新环境下，政府补助对科技型企业研发投入的作用机制存在差异，其中，在创新环境较好城市，政府补助对科技型企业研发投入的促进作用更大，作用机制也更为完善。因此，创造一个有利于创新可持续发展的生态环境，对于更好地发挥政府补助对科技型企业研发投入的促进作用非常重要。

第八章 研究结论

中国尚未陷入研发投入的"加速化陷阱",企业仍有必要增加研发投入。外源融资是企业增加研发投入的重要来源。然而,企业普遍存在融资约束问题,其中科技型企业的融资约束问题更为突出。而融资约束问题抑制了企业研发投入。为了缓解企业融资约束、促进企业研发投入,政府对企业进行了补助。基于中国的现实背景以及相关理论分析,本书研究以下内容:①政府补助对科技型企业研发投入的促进作用;②融资约束在政府补助对科技型企业研发投入的促进作用中的中介机制;③信号传递在政府补助对科技型企业研发投入的促进作用中的深层机制;④不同金融发展程度下基于企业融资视角研究政府补助对科技型企业研发投入影响机制的差异;⑤不同创新环境下基于企业融资视角研究政府补助对科技型企业研发投入影响机制的差异。

第一节 主要研究结论

一、政府补助对企业研发投入有显著促进作用

首先,科技型企业的融资约束问题非常突出,政府补助能够通过缓

解科技型企业融资约束，促进企业研发投入。一方面，政府对科技型企业提供的补助主要为与研发活动相关的补助，而且科技型企业的主要活动为研发活动，因此政府补助能够直接增加科技型企业的研发投入，减少企业需要为研发活动筹集的资金。另一方面，政府补助能够向外部投资者传递正向信号，增加企业获得的外源融资。

其次，政府补助能够弥补由于研发活动正外部性产生的企业收益损失，激发科技型企业研发热情。

再次，科技型企业大多为民营企业，并不像国有企业那样有较为密切的政企关系，不易通过寻租行为获得政府补助，更不会用补助资金进行寻租。

最后，中国尚未陷入 R&D 投资的"加速化陷阱"，科技型企业研发投入仍然不足，政府的补助力度也有待增加，还未出现补助过多问题。

因此，本书提出科技型企业获得政府补助，企业研发投入显著增加，以及科技型企业获得政府补助越多，企业研发投入越多这两个假设。本书以 2009~2017 年深圳创业板上市公司为研究样本，探讨政府补助对科技型企业研发投入的作用，得出以下结论：

第一，科技型企业获得政府补助，企业研发投入显著增加。

第二，科技型企业获得的政府补助越多，企业研发投入越多。

本书采用两阶段估计的处理效应模型对假设 1 进行稳健性检验，结果与主回归模型一致，表明主模型的回归结果是稳健的。采用重新定义研发投入（*R&D*）和政府补助（*Subsidy*）变量对假设 2 进行稳健性检验，结果与主回归模型一致，表明主模型的回归结果是稳健的。

二、融资约束能够发挥中介机制作用

本书探讨政府补助能否通过缓解科技型企业融资约束从而促进企业投入，即融资约束在政府补助对科技型企业研发投入的促进作用中的中介机制。以2009~2017年深圳创业板上市公司为研究样本，首先是探讨政府补助能否缓解科技型企业融资约束；其次是通过博弈分析探讨政府补助能否通过缓解科技型企业融资约束促进企业研发投入，即融资约束的中介机制；最后是通过实证分析探讨融资约束的中介机制。本书得出以下结论：

第一，由于科技型企业以研发活动为主要业务，企业的研发信息披露较为谨慎，与外部投资者信息不对称问题较为严重，因此科技型企业的融资约束问题较为突出。政府补助能够缓解科技型企业融资约束问题。

第二，政府补助能够通过缓解科技型企业融资约束，促进企业研发投入，即融资约束在政府补助对科技型企业研发投入的促进作用中发挥着中介机制作用。融资约束在解释政府补助对科技型企业研发投入的促进作用中所占的比重为12.13%。

三、信号传递能够发挥深层机制作用

本书进一步探讨信号传递的深层机制。以2009~2017年深圳创业板上市公司为研究样本，首先是探讨政府补助能否发挥信号传递作用，增加科技型企业外源融资；其次是探讨政府补助能否通过发挥信号传递作用缓解科技型企业融资约束；最后是探讨政府补助能否刺激外源融资对科技型企业研发投入的促进作用。本书得出以下结论：

第一，政府补助能够发挥信号传递作用，增加科技型企业外源融资，其中显著增加科技型企业股权融资，而对科技型企业债权融资的增加作用不显著。

第二，政府补助能够通过发挥信号传递作用缓解科技型企业融资约束，信号传递（增加企业外源融资）在解释政府补助对科技型企业融资约束的缓解作用中所占的比重为24.32%。其中，政府补助能够通过增加科技型企业股权融资缓解企业融资约束，增加企业股权融资在解释政府补助对科技型企业融资约束的缓解作用中所占的比重为21.62%。

第三，政府补助能够刺激外源融资对科技型企业研发投入的促进作用。其中，政府补助能够刺激股权融资对科技型企业研发投入的促进作用，但不能证明政府补助能够刺激债权融资对科技型企业研发投入的促进作用。

四、不同金融发展程度下政府补助的作用机制存在差异

本书探讨不同金融发展程度下政府补助对科技型企业研发投入的作用机制是否存在差异。本书将2009~2017年深圳创业板上市公司样本分为金融发展较好组和金融发展滞后组，一是探讨不同金融发展程度下政府补助对科技型企业研发投入的作用是否存在差异；二是探讨不同金融发展程度下融资约束的中介机制是否存在差异；三是探讨不同金融发展程度下信号传递的深层机制是否存在差异。本书得出以下结论：

第一，不同金融发展程度下，政府补助均能促进科技型企业研发投入，但政府补助对科技型企业研发投入的促进作用存在差异，其中，政

府补助对金融发展较好组科技型企业研发投入的促进作用较大。

第二，不同金融发展程度下，融资约束均在政府补助促进科技型企业研发投入中发挥中介机制作用，即融资约束的中介机制不存在差异。

第三，不同金融发展程度下，政府补助均能通过发挥信号传递作用缓解科技型企业融资约束，但信号传递在政府补助促进科技型企业研发投入中的深层机制存在差异，差异在于：对于金融发展较好组，政府补助能够刺激外源融资（尤其是股权融资）对科技型企业研发投入的促进作用；对于金融发展滞后组，政府补助并不能刺激外源融资对科技型企业研发投入的促进作用。

五、不同创新环境下政府补助的作用机制存在差异

本书探讨不同创新环境下政府补助对科技型企业研发投入的作用机制是否存在差异。本书将2009~2017年深圳创业板上市公司样本分为创新环境较好组和创新环境较差组，一是探讨不同创新环境下政府补助对科技型企业研发投入的作用是否存在差异；二是探讨不同创新环境下融资约束的中介机制是否存在差异；三是探讨不同创新环境下信号传递的深层机制是否存在差异。本书得出以下结论：

第一，不同创新环境下，政府补助均能促进科技型企业研发投入，但政府补助对科技型企业研发投入的促进作用存在差异，其中，政府补助对创新环境较好组科技型企业研发投入的促进作用较大。

第二，不同创新环境下，融资约束均在政府补助促进科技型企业研发投入中发挥中介机制作用，即融资约束的中介机制不存在差异。

第三，不同创新环境下，政府补助均能通过发挥信号传递作用缓

解科技型企业融资约束，但信号传递在政府补助促进科技型企业研发投入中的深层机制存在差异，差异在于：对于创新环境较好组，政府补助能够刺激外源融资（尤其是股权融资）对科技型企业研发投入的促进作用；对于创新环境较差组，政府补助并不能刺激外源融资（尤其是股权融资）对科技型企业研发投入的促进作用，但政府补助的增加能够影响企业债权融资资金的分配，使得企业将债权融资资金更多地分配到企业研发活动上。

第二节 政策启示

一、充分发挥政府补助对企业研发的引导作用

政府补助对企业研发投入有促进作用，然而这一促进作用仍须进一步加强。结合本书研究结果，可从以下几个方面更充分发挥政府补助对企业研发的引导作用：

（1）银行信贷仍然是中国的主要社会融资方式，然而政府补助在总体上并不能增加科技型企业获得的债权融资，也不能刺激债权融资对科技型企业研发投入的促进作用，因此，须发挥政府补助对科技型企业债权融资的促进作用，须发挥政府补助刺激债权融资对科技型企业研发投入的促进作用。政府可适当调整补助策略，适当增加对科技型企业贷款方面的补贴，更好发挥政府补助增加科技型企业银行信贷、促进企业研发投入的作用。对科技型企业贷款方面的补贴包括为科技型企业提供担保、对贷款进行贴息等。

（2）企业所在地区的金融发展程度会对政府补助促进科技型企业

研发投入的作用机制产生影响。金融是国家重要的核心竞争力，是推动高质量发展的重要支撑，提高金融发展水平，减少各地区金融发展不平衡，对于更好地发挥政府补助对科技型企业研发投入的促进作用非常重要。本书认为，可从以下几个方面发展中国金融：一是拓宽融资渠道，加快做大金融规模；二是助推产业振兴，提高金融服务实体经济发展的水平；三是深化改革创新，激发金融业发展活力动力；四是强化风险防控，着力营造良好金融生态；五是提高对外开放水平，增强金融机构竞争力。

（3）企业所在城市的创新环境会对政府补助促进科技型企业研发投入的作用机制产生影响。为更充分发挥政府补助对企业研发的引导作用，政府应改善当地创新环境。而创新环境的改善，可通过解决一系列叠加的问题达到，如知识产权的法律保护和运用、创新主体收益的稳定预期、创新要素不断地实现自由化流动、不同阶段集中产品的有效有益服务、产业体系的配套以及创新基础设施的改善等。希望政府和全社会能够共同创造良好的创新环境，更好地实现创新驱动发展。

（4）政府补助能够刺激股权融资对科技型企业研发投入的促进作用，然而中国的股权融资市场仍需发展，应大力发展股权融资市场。如加快股票首次公开发行的审核速度，实现真正意义上的"即报即审"；出台鼓励政策，鼓励并购重组；加快推进科创板建设并试点注册制，助力科创企业发展。

二、发展政府引导基金

政府补助能够通过缓解科技型企业融资约束从而促进企业研发投

入。然而,政府用于对科技型企业进行补助的资金有限,且政府补助具有无偿性,有限的政府补助对科技型企业融资以及研发投入发挥的作用也有限。因此,政府除了对科技型企业进行补助外,还应寻找其他的资金投放方式,用有限的资金帮助更多的科技型企业。政府引导基金就是这么一种资金投放方式。政府引导基金是由政府与社会资本共同发起的政策性基金,用于促进创新企业股权融资,发挥财政资金的杠杆放大效应,加快中国经济转型升级。政府引导基金的设立能够引导社会资金集聚,形成资本供给效应;优化资金配置方向,落实国家产业政策;引导资金投资方向,扶持中小企业创新;引导资金区域流向,协调区域经济发展。在中国政府引导基金发展的过程中,存在结存现象严重、政策性与市场化不协调、管理机构专业人才不足等问题。为发展政府引导基金,应加大力度培育相关人才,提高政府引导基金的投资效率;优化政府引导基金的运作模式,提高基金的管理效率;构建政府引导基金的评价体系,提高基金的政策效果。

三、发展科技金融

科技金融是适应科技创新特点的各类金融创新活动总称,是针对科技创新在风险性、成长性、效益性、外部性等方面特点的一系列金融工具、金融制度、金融政策与金融服务的创新性安排,是国家科技创新体系和金融体系的重要构成部分。为实施创新驱动发展战略,更好地发挥政府、市场对科技型企业创新的积极作用,应大力发展科技金融。商业银行是科技金融发展的关键主体,应加快商业银行科技支行的设立,探索更优的科技金融运作模式,加快相关信贷业务创新。政府在科技金融制度中发挥着相当重要的作用，应建立和完善科技金融相关的法律法规，形成有利于金融支持科技创新的法律环境；设立科技型企业担保机构，完善信用担保体系；建立和完善多层次资本市场，拓宽企业融资渠道。

第三节 主要创新点

本书的主要创新点为：

一是研究政府补助与科技型企业融资约束的关系。本书通过实证分析，得出政府补助能够缓解科技型企业融资约束的结论。关于政府补助与企业融资约束的研究，有学者通过博弈分析得出政府补助能够缓解企业融资约束的结论，但未见有学者用实证分析方法研究政府补助与企业融资约束之间的关系，因此本书研究具有创新性。

二是研究政府补助、融资约束与科技型企业研发投入的关系。本书首先通过实证分析，检验政府补助能够缓解科技型企业融资约束。其次，构建两阶段博弈模型，得出政府补助能够通过缓解企业融资约束促进科技型企业研发投入的命题。最后，构建中介作用模型，通过实证分析，验证了融资约束确实在政府补助促进科技型企业研发投入中发挥中介机制作用。现阶段，关于政府补助、企业融资约束与企业研发投入的研究主要为理论上的阐述，缺少对经验数据的实证分析，因此本书研究具有创新性。

三是对政府补助、科技型企业融资与科技型企业研发投入的关系进行系统的梳理，得出基于企业融资视角下政府补助影响科技型企业研发投入的作用机制：政府补助能够通过发挥信号传递作用，增加科技型企业外源融资（尤其是股权融资），缓解科技型企业融资约束，从而促进科技型企业研发投入。本书还研究了不同金融发展程度下和不同创新环境下政府补助对科技型企业研发投入的作用机制差异。本书研究有利于丰富相关领域的研究成果，具有创新性。

第四节　研究展望

本书探讨了政府补助对科技型企业研发投入的促进作用以及政府补助能否通过信号传递作用增加科技型企业外源融资，缓解企业融资约束，从而促进企业研发投入。本书研究具有以下局限性：第一，本书选取深圳创业板上市公司作为研究样本，本书的研究结果对本书研究样本有效，具有局限性。要将研究结果推广到其他样本，仍须对其他样本进行研究。第二，本书只研究了政府补助对科技型企业研发投入影响的作用机制的其中一个方面，并未全面深入探讨政府补助对企业研发投入的作用机制。第三，本书研究了政府补助对科技型企业融资以及研发投入的影响，并没有研究具体不同类型的政府补助对科技型企业融资以及研发投入是否会产生不同的影响。

在未来的研究中，可从以下几个方面进行改进：第一，为进一步把本书研究结果推广到其他样本，对主板上市公司、中小企业板上市公司、非上市公司等企业样本进行研究。第二，更为全面地梳理政府补助对企业研发投入的影响机制，结合理论分析，构建相关实证研究模型，深入探讨政府补助对企业研发投入的作用机制。例如，可构建企业研发热情指标，研究政府补助能否通过激励企业研发热情，从而促进企业研发投入等。第三，政府补助主要有财政拨款、财政贴息、税收返还、无偿划拨非货币性资产等形式，每种补助形式对企业研发投入影响的作用机制可能不同，可进一步研究各种政府补助方式对企业研发投入的影响机制。第四，除了政府补助外，政府引导基金也对科技型企业创新发挥着重要作用，未来可收集相关政府引导基金数据，研究其作用机制及效果。

参考文献

[1] 刘胜强，林志军，孙芳城，等.融资约束、代理成本对企业R&D投资的影响——基于我国上市公司的经验证据[J].会计研究，2015（11）：62-68+97.

[2] 中国企业家调查系统.企业家对宏观形势及企业经营状况的判断、问题和建议[J].管理世界，2017（12）：75-91.

[3] 顾群，翟淑萍.融资约束、研发投资与资金来源——基于研发投资异质性的视角[J].科学学与科学技术管理，2014（3）：15-22.

[4] 国家统计局社科文司"中国创新指数（CII）研究"课题组.中国创新指数研究[J].统计研究，2014，31（11）：24-28.

[5] Nola H., Stephen R. Output Additionality of Public Support for Innovation: Evidence for Irish Manufacturing Plants[J]. European Planning Studies, 2010, 18（1）: 107-122.

[6] Gao P. Government in the Catching-up of Technology Innovation: Case of Administrative Intervention in China[J]. Technological Forecasting & Social Change, 2015（96）: 4-14.

[7] 肖兴志，王伊攀.战略性新兴产业政府补贴是否用在了"刀

刃"上?——基于254家上市公司的数据[J].经济管理,2014(4):19-31.

[8] Zúñiga-Vicente J.Á., Alonso-Borrego C., Forcadell F.J., et al. Assessing the Effect of Public Subsidies on Firm R&D Investment: A Survey [J]. Journal of Economic Surveys, 2014 (28): 36-67.

[9] Hu A.G. Ownership, Government R&D, Private R&D, and Productivity in Chinese Industry [J]. Journal of Comparative Economics, 2001, 29 (1): 136-157.

[10] 童光荣,高杰.中国政府R&D支出对企业R&D支出诱导效应及其时滞效应分析[J].中国科技论坛,2004(4):97-99.

[11] 解维敏,唐清泉,陆姗姗.政府R&D资助,企业R&D支出与自主创新——来自中国上市公司的经验证据[J].金融研究,2009(6):86-99.

[12] 张日新,江伟钦.政府促进对企业研发投入的影响:广东个案[J].改革,2009(7):120-124.

[13] 王俊.R&D补贴对企业R&D投入及创新产出影响的实证研究[J].科学学研究,2010(9):1368-1374.

[14] 白俊红.中国的政府R&D资助有效吗?来自大中型工业企业的经验证据[J].经济学(季刊),2011,10(4):1375-1400.

[15] 李永,叶伟娜,王振宇.政府对企业R&D资助效应:互补还是挤出——对上海大中型工业企业的实证研究[J].科技管理研究,2013(5):62-66.

[16] 张小红,逯宇铎.政府补贴对企业R&D投资影响的实证研究

［J］．科技管理研究，2014（15）：204-209．

［17］邹彩芬，刘双，谢琼．市场需求、政府补贴与企业技术创新关系研究［J］．统计与决策，2014（9）：179-182．

［18］陈远燕．财政补贴、税收优惠与企业研发投入——基于非上市公司20万户企业的实证分析［J］．税务研究，2016（10）：34-39．

［19］邹洋，聂明明，郭玲，等．财税政策对企业研发投入的影响分析［J］．税务研究，2016（8）：42-46．

［20］余菲菲，钱超．政府科技补助对企业创新投入的门槛效应——基于科技型中小企业的经验研究［J］．科研管理，2017，38（10）：40-47．

［21］任海云，聂景春．企业异质性、政府补助与R&D投资［J］．科研管理，2018，39（6）：37-47．

［22］武志勇，王则仁，王维．政府研发补助对东北高端装备制造企业创新绩效的影响——研发投入与高管人力资本的中介调节作用［J］．科技进步与对策，2018，35（16）：47-53．

［23］Hamberg D. R&D：Essays on the Economics of Research and Development［M］．New York：Random House，1966．

［24］Levy D.M.，Terleckyj N.E. Effects of Government R&D on Private R&D Investment and Productivity：A Macroeconomic Analysis［J］．The Bell Journal of Economics，1983（8）：551-561．

［25］Holemans B.，Sleuwaegen L. Innovation Expenditures and the Role of Government in Belgium［J］．Research Policy，1988，17（6）：375-379．

[26] Hussinger K. SSRN-R&D and Subsidies at the Firm Level: An Application of Parametric and Semi-Parametric Two-Step Selection Models [J]. Journal of Applied Econometrics, 2008, 23 (6): 729-747.

[27] Aschhoff B. The Effect of Subsidies on R&D Investment and Success-Do Subsidy History and Size Matter? [R]. ZEW-Centre for European Economic Research Discussion Paper, 2009.

[28] Cin B.C., Kim Y.J., Vonortas N.S. The Impact of Public R&D Subsidy on Small Firm Productivity: Evidence from Korean SMEs [J]. Small Business Economics, 2017 (48): 345-360.

[29] Berlinger E., Lovas A., Juhász P. State Subsidy and Moral Hazard in Corporate Financing [J]. Central European Journal of Operations Research, 2017, 25 (4): 743-770.

[30] 马文聪, 李小转, 廖建聪, 等. 不同政府科技资助方式对企业研发投入的影响 [J]. 科学学研究, 2017, 35 (5): 689-699.

[31] 朱云欢, 张明喜. 我国财政补贴对企业研发影响的经验分析 [J]. 经济经纬, 2010 (5): 77-81.

[32] Lee E.Y., Cin B.C. The Effect of Risk-sharing Government Subsidy on Corporate R&D Investment: Empirical Evidence from Korea [J]. Technological Forecasting & Social Change, 2010, 77 (6): 881-890.

[33] Romero-Jordán D., Delgado-Rodríguez M.J., Álvarez-Ayuso I., et al. Assessment of the Public Tools Used to Promote R&D Investment in Spanish SMEs [J]. Small Business Economics, 2014, 43 (4): 959-976.

[34] Lach S. Do R&D Subsidies Stimulate or Displace Private R&D?

Evidence from Israel [J]. Journal of Industrial Economics, 2002, 50 (4): 369-390.

[35] 郑绪涛. 公共研发政策对私人 R&D 活动的作用 [J]. 中国科技论坛, 2009 (3): 29-33.

[36] 吕久琴, 郁丹丹. 政府科研创新补助与企业研发投入: 挤出、替代还是激励? [J]. 中国科技论坛, 2011 (8): 21-28.

[37] 杨晔, 王鹏, 李怡虹, 杨大楷. 财政补贴对企业研发投入和绩效的影响——来自中国创业板上市公司的经验证据 [J]. 财经论丛, 2015 (1): 24-31.

[38] 潘越, 戴亦一, 李财喜. 政治关联与财务困境公司的政府补助——来自中国 ST 公司的经验证据 [J]. 南开管理评论, 2009 (12): 6-17.

[39] 余明桂, 回雅甫, 潘红波. 政治联系、寻租与地方政府财政补贴有效性化 [J]. 经济研究, 2010 (3): 65-77.

[40] 逯东, 林高, 杨丹. 政府补助、研发支出与市场价值——来自创业板高新技术企业的经验证据 [J]. 投资研究, 2012 (9): 67-81.

[41] 夏力, 李舒妤. 政治关联视角下的政府补贴与民营企业技术创新 [J]. 科技进步与对策, 2013, 30 (3): 108-111.

[42] 安同良, 周绍东, 皮建才. R&D 补贴对中国企业自主创新的激励效应 [J]. 经济研究, 2009 (10): 87-97.

[43] Mamuneas T.P., Nadiri M.I. Public R&D Policies and Cost Behavior of the US Manufacturing Industries [J]. Journal of Public Economic, 1996, 63 (1): 57-81.

[44] Higgins R.S., Link A.N. Federal Support of Technological Growth in Industry: Some Evidence of Crowding Out [J]. IEEE Transactions on Engineering Management, 1981, 28 (4): 86-88.

[45] Wallsten S.J. The Effects of Government-Industry R&D Programs on Private R&D: The Case of the Small Business Innovation Research Program [J]. Rand Journal of Economics, 2000, 31 (1): 82-100.

[46] Ricardo N.B. R&D Expenditures and the Role of Government Around the World [J]. Estudios the Economía, 2002 (29): 109-121.

[47] Lichtenberg F. The Private R&D Investment Response to Federal Design and Technical Competitions [J]. American Economic Review, 1988, 78 (3): 550-559.

[48] Goolsbee A. Does Government R&D Policy Mainly Benefit Scientists and Engineers [J]. American Economic Review, 1998, 88 (2): 298-302.

[49] Görg H., Strobl E. The Effect of R&D Subsidies on Private R&D [J]. Economica, 2007, 74 (294): 215-234.

[50] Guellec D., Van Pottelsberghe B. The Impact of Public R&D Expenditure on Business R&D [J]. Economics of Innovation and New Technology, 2003, 12 (3): 225-243.

[51] 刘虹, 肖美凤, 唐清泉. R&D 补贴对企业 R&D 支出的激励与挤出效应——基于中国上市公司数据的实证分析 [J]. 经济管理, 2012 (4): 19-28.

[52] Dai X., Cheng L. The Effect of Public Subsidies on Corporate

R&D Investment: An Application of the Generalized Propensity Score [J]. Technological Forecasting & Social Change, 2015 (90): 410-419.

[53] 张彩江, 陈璐. 政府对企业创新的补助是越多越好吗 [J]. 科学学与科学技术管理, 2016, 37 (11): 1-9.

[54] 戴小勇, 成力为. 财政补贴政策对企业研发投入的门槛效应 [J]. 科研管理, 2014 (6): 68-76.

[55] Duguet E. Are R&D Subsidies a Substitute or a Complement to Privately Funded R&D? An Econometric Analysis at the Firm Level [J]. Revue D'Économie Politique, 2004, 114 (2): 245-274.

[56] González X., Pazó C. Do Public Subsidies Stimulate Private R&D Spending? [J]. Research Policy, 2008, 37 (3): 371-389.

[57] Dimos C., Pugh G. The Effectiveness of R&D Subsidies: A Meta-regression Analysis of the Evaluation Literature [J]. Research Policy, 2016, 45 (4): 797-815.

[58] 肖兴志, 王建林. 谁更适合发展战略性新兴产业——对国有企业与非国有企业研发行为的比较 [J]. 财经问题研究, 2011 (10): 25-31.

[59] Liu X., Li X., Li H. R&D Subsidies and Business R&D: Evidence from High-tech Manufacturing Firms in Jiangsu [J]. China Economic Review, 2016 (41): 1-22.

[60] 李婧. 政府 R&D 资助对企业技术创新的影响——一个基于国有与非国有企业的比较研究 [J]. 研究与发展管理, 2013, 25 (3): 18-24.

[61] 江静. 公共政策对企业创新支持的绩效——基于直接补贴与税收优惠的比较分析 [J]. 科研管理, 2011 (4): 1-8+50.

[62] Lööf H., Hesmati A. The Impact of Public Funding on Private R&D Investment: New Evidence from a Firm Level Innovation Study [R]. CESIS Electronic Working Paper Series Paper, 2005.

[63] 李永, 孟祥月, 王艳萍. 政府R&D资助与企业技术创新——基于多维行业异质性的经验分析 [J]. 科学学与科学技术管理, 2014 (1): 33-41.

[64] 程华, 赵样. 企业规模研发强度资助强度与政府科技资助的绩效关系研究——基于浙江民营科技企业的实证研究 [J]. 科研管理, 2008 (2): 237-243.

[65] Lee C.Y. The Differential Effects of Public R&D Support on Firm R&D: Theory and Evidence from Multi-country Data [J]. Technovation, 2011, 31 (5-6): 256-269.

[66] 李万福, 杜静, 张怀. 创新补助究竟有没有激励企业创新自主投资——来自中国上市公司的新证据 [J]. 金融研究, 2017 (10): 130-145.

[67] 姜宁, 黄万. 政府补贴对企业R&D投入的影响——基于我国高新技术产业的实证研究 [J]. 科学学与科学技术管理, 2010 (7): 28-33.

[68] Clausen T.H. Do Subsidies Have Positive Impacts on R&D and Innovation Activities at the Firm Level? [J]. Structural Change & Economic Dynamics, 2009, 20 (4): 239-253.

[69] Link A.N. An Analysis of the Composition of R&D Spending [J]. Southern Journal of Economics, 1982 (49): 342-349.

[70] Takalo T., Tanayama T. Adverse Selection and Financing of Innovation: Is There a Need for R&D Subsidies? [J]. Journal of Technology Transfer, 2008, 35 (1): 16-41.

[71] Feldman M.P., Kelley M.R. The exante Assessment of Knowledge Spillovers: Government R&D Policy, Economic Incentives and Private Firm Behavior [J]. Research Policy, 2006 (10): 1509-1521.

[72] 高艳慧,万迪昉,蔡地. 政府研发补贴具有信号传递作用吗?——基于我国高技术产业面板数据的分析 [J]. 科学学与科学技术管理, 2012, 33 (1): 5-11.

[73] Wu A. The Signal Effect of Government R&D Subsidies in China: Does Ownership Matter? [J]. Technology Forecasting & Social Change, 2017 (117): 339-345.

[74] 郭玥. 政府创新补助的信号传递机制与企业创新 [J]. 中国工业经济, 2018 (9): 98-116.

[75] 申香华. 政府补助产权性质与债务融资效应实证检验 [J]. 经济经纬, 2015 (3): 138-143.

[76] Meuleman M., Maeseneire W.D. Do R&D Subsidies Affect SMEs' Access to External Financing? [J]. Research Policy, 2012, 41 (3): 580-591.

[77] Yan Z., Li Y. Signaling through Government Subsidy: Certification or Endorsement [J]. Finance Research Letters, 2018 (25):

90-95.

[78] 张杰, 芦哲, 郑文平, 等. 融资约束、融资渠道与企业投入[J]. 世界经济, 2012（10）: 66-90.

[79] 朱治理, 温军, 赵建兵. 政府研发补贴、社会投资跟进与企业创新融资[J]. 经济经纬, 2016（1）: 114-119.

[80] 傅利平, 李小静. 政府补贴在企业创新过程的信号传递效应分析——基于战略性新兴产业上市公司面板数据[J]. 系统工程, 2014（11）: 50-58.

[81] 梁彤缨, 冯莉, 陈修德. 税式支出、财政补贴对研发投入的影响研究[J]. 软科学, 2012（5）: 32-35+50.

[82] 康志勇. 融资约束、政府支持与中国本土企业研发投入[J]. 南开管理评论, 2013, 16（5）: 61-70.

[83] Carboni O.A. R&D Subsidies and Private R&D Expenditures: Evidence from Italian Manufacturing Data [J]. International Review of Applied Economics, 2011, 25（4）: 419-439.

[84] Kleer R. Government R&D Subsidies As a Signal for Private Investors [J]. Research Policy, 2010, 39（10）: 1361-1374.

[85] 郭晓丹, 何文韬. 战略性新兴产业政府R&D补贴信号效应的动态分析[J]. 经济学动态, 2011（9）: 88-93.

[86] Silva F., Carreira C. Do Financial Constraints Threat the Innovation Process? Evidence from Portuguese Firms [J]. Economics of Innovation & New Technology, 2012, 21（8）: 701-736.

[87] Fazzari S.M., Hubbard R.G., Petersen B.C. Financing Constraints

and Corporate Investment [J]. Brookings Papers on Economic Activity, 1988 (1): 141-195.

[88] Laeven L. Does Financial Liberalization Reduce Financing Constraints? [J]. Financial Management, 2003, 32 (1): 5-34.

[89] Almeida H., Campello M., Weisbach M.S. The Cash Flow Sensitivity of Cash [J]. Journal of Finance, 2004, 59 (4): 1777-1804.

[90] Kaplan S.N., Zingales L. Do Investment-Cash Flow Sensitivities Provide Useful Measures of Financing Constraints? [J]. Quarterly Journal of Economics, 1997, 112 (1): 169-215.

[91] Whited T.M., Wu G. Financial Constraints Risk [J]. Review of Financial Studies, 2006, 19 (2): 531-559.

[92] Hadlock C.J., Pierce J.R. New Evidence on Measuring Financial Constraints: Moving beyond the KZ Index [J]. Review of Financial Studies, 2010, 23 (5): 1909-1940.

[93] 郭牧炫, 魏诗博. 融资约束、再融资能力与现金分红 [J]. 当代财经, 2011 (8): 119-128.

[94] 韩忠雪, 周婷婷. 产品市场竞争、融资约束与公司现金持有: 基于中国制造业上市公司的实证分析 [J]. 南开管理评论, 2011, 14 (4): 149-160.

[95] 解维敏, 方红星. 金融发展、融资约束与企业研发投入 [J]. 金融研究, 2011 (5): 171-183.

[96] 魏锋, 刘星. 融资约束、不确定性对公司投资行为的影响 [J]. 经济科学, 2004 (2): 35-43.

[97] 卢馨, 郑阳飞, 李建明. 融资约束对企业 R&D 投资的影响研究——来自中国高新技术上市公司的经验证据 [J]. 会计研究, 2013（5）: 51-58.

[98] 王文华, 张卓. 金融发展、政府补贴与研发融资约束——来自 A 股高新技术上市公司的经验证据 [J]. 经济与管理研究, 2013（11）: 51-57.

[99] 王山慧. 中国上市公司投资的融资约束研究 [D]. 武汉: 华中科技大学, 2013.

[100] 刘春玉. 研发投资融资约束及其外部融资依赖性——基于上市公司的实证研究 [J]. 科技进步与对策, 2014（4）: 20-25.

[101] 唐清泉, 肖海莲. 融资约束与企业创新投资—现金流敏感性: 基于企业 R&D 异质性视角 [J]. 南方经济, 2012（11）: 40-54.

[102] Himmelberg C.R., Peterson B.C. R&D and Internal Finance: A Panel Study of Small Firms in High-Tech Industries [J]. Review of Economics and Statistics, 1994, 76（1）: 38-51.

[103] Mulkay B., Hall B.H., Mairesse J. Firm Level Investment and R&D in France and the United States: A Comparison [R]. NBER Working Paper, 2000.

[104] Bloch C. R&D Investment and Internal Finance: The Cash Flow Effect [J]. Economics of Innovation & New Technology, 2005, 14（3）: 213-223.

[105] Brown J.R., Fazzari S.M., Petersen B.C. Financing Innovation and Growth: Cash Flow, External Equity, and the 1990s R&D Boom [J].

Journal of Finance, 2009, 64 (1): 151-185.

[106] Czamitzki D., Hottenrott H. R&D Investment and Financing Constraints of Small and Medium-sized Firms [J]. Small Business Economics, 2011, 36 (1): 65-83.

[107] Harhoff D. Are There Financing Constraints for R&D and Investment in German Manufacturing Firms? [J]. Annales Déconomie Et De Statistique, 1998 (49/50): 421-456.

[108] Cincera M., Ravet J., Veugelers R. R&D Financing Constraints of Young and Old Innovation Leaders in the EU and the US [J]. Icite Working Papers, 2014, 63 (2): 106-113.

[109] 罗绍德,刘春光. 企业 R&D 投入活动的影响因素分析——基于企业财务资源观 [J]. 财经理论与实践, 2009 (1): 56-60.

[110] 谢家智, 刘思亚, 李后建. 政治关联、融资约束与企业研发投入 [J]. 财经研究, 2014, 40 (8): 81-93.

[111] 胡艳, 马连福. 创业板高管激励契约组合、融资约束与创新投入 [J]. 山西财经大学学报, 2015, 37 (8): 78-90.

[112] Millet-Reyes B. R&D Intensity and Financing Constraints [J]. Journal of Business & Economic Studies, 2004, 10 (2): 38-53.

[113] Czarnitzki D. Research and Development in Small and Medium-sized Enterprises: the Role of Financial Constraints and Public Funding [J]. Scottish Journal of Political Economy, 2006, 53 (3): 335-357.

[114] Savignac F. Impact of Financial Constraints on Innovation: What can be Learned from a Direct Measure? [J]. Economics of Innovation & New

Technology, 2008, 17 (6): 553-569.

[115] Hottenrott H., Peters B. Innovative Capability and Financing Constraints for Innovation: More Money, More Innovation? [J]. Review of Economics & Statistics, 2012, 94 (4): 1-40.

[116] Gorodnichenko Y., Schnitzer M. Financial Constraints and Innovation: Why Poor Countries Don't Catch Up [J]. Journal of the European Economic Association, 2013, 11 (5): 1115-1152.

[117] 鞠晓生. 中国上市企业创新投资的融资来源与平滑机制 [J]. 世界经济, 2013 (4): 138-159.

[118] 曹献飞. 融资约束与企业研发投资——基于企业层面数据的实证研究 [J]. 软科学, 2014, 28 (12): 73-78.

[119] Ughetto E. Does Internal Finance Matter for R&D? New Evidence from a Panel of Italian Firms [J]. Cambridge Journal of Economics, 2008, 32 (6): 907-925.

[120] Guariglia A., Liu P. To What Extent Do Financing Constraints Affect Chinese Firms' Innovation Activities? [J]. International Review of Financial Analysis, 2014 (36): 223-240.

[121] Bah R., Dumontier P. R&D Intensity and Corporate Financial Policy: Some International Evidence [J]. Journal of Business Finance & Accounting, 2001, 28 (5-6): 671-692.

[122] Müller E., Zimmermann V. The Importance of Equity Finance for R&D Activity [J]. Small Business Economics, 2009, 33 (3): 303-318.

[123] Carpenter R.E., Petersen B.C. Capital Market Imperfections,

High-Tech Investment, and New Equity Financing [J]. Economic Journal, 2002, 117 (477): 54-72.

[124] Nam J., Campbell C.J., Cowan A.R. The Effect of Managerial Incentives to Bear Risk on Corporate Capital Structure and R&D Investment [J]. Financial Review, 2003, 38 (1): 77-101.

[125] Martinsson G. Finance and R&D Investments: Is There a Debt Overhang Effect on R&D Investments [R]. CESIS Working Papers, 2009.

[126] Chiao C. Relationship Between Debt, R&D and Physical Investment: Evidence from US Firm-level Data [J]. Applied Financial Economics, 2002, 12 (2): 105-121.

[127] Modigliani F., Miller M.H. The Cost of Capital, Corporation Finance and the Theory of Investment [J]. American Economic Review, 1958, 48 (3): 261-297.

[128] Myers S.C., Majluf N.S. Corporate Financing and Investment Decisions When Firms Have Information that Investors Do Not Have [J]. Journal of Financial Economics, 1984, 13 (2): 187-221.

[129] Nelson R.R. The Simple Economics of Basic Scientific Research [J]. Journal of Political Economy, 1959, 67 (3): 297-306.

[130] Arrow K.J. Economic Welfare and the Allocation of Resources for Invention [A]. Universities-National Bureau. The Rate and Direction of Inventive Activity: Economic and Social Factors [C]. Princeton: Princeton University Press, 1962: 609-626.

[131] Mansfield E. Social and Private Rates of Return from Industrial

Innovations [J]. Quarterly Journal of Economies, 1977, 91 (2): 221-240.

[132] Akerlof G.A. The Market for "Lemons": Quality Uncertainty and the Market Mechanism [J]. Quarterly Journal of Economics, 1970, 84 (3): 488-500.

[133] Spence M. Job Market Signaling [J]. Quarterly Journal of Economics, 1973, 87 (3): 355-374.

[134] Rothschild M., Stiglitz J. Equilibrium in Competitive Insurance Markets: An Essay on the Economics of Imperfect Information [J]. Quarterly Journal of Economics, 1976, 90 (4): 629-649.

[135] Berle A.A., Means G.C. The Modern Corporation and Private Property [M]. New York: Harcourt, Brace and World, 1967.

[136] Jensen M.C., Meckling W.H. Theory of the Firm: Managerial Behavior, Agency Costs and Ownership Structure [J]. Journal of Financial Economics, 1976, 3 (4): 305-360.

[137] Bhattacharya S. Imperfect Information, Dividend Policy, and "The Bird in the Hand" Fallacy [J]. Bell Journal of Economics, 1979, 10 (1): 259-270.

[138] Lim C.Y., Wang J., Zeng C. China's "Mercantilist" Government Subsidies, the Cost of Debt and Firm Performance [J]. Journal of Banking and Finance, 2018 (86): 37-52.

[139] 屈文洲, 谢雅璐, 叶玉妹. 信息不对称、融资约束与投资——现金流敏感性——基于市场微观结构理论的实证研究 [J]. 经济研究,

2011（6）：105-117.

[140] Belsley D.A., Kuh E., Welsch R.E. Regression Diagnostics: Identifying Influential Data and Sources of Collinearity [M]. New Jersey: Wiley, 1980.

[141] Sutton J. One Smart Agent [J]. The RAND Journal of Economics, 1997, 28（4）：605-628.

[142] Symeonidis G. Comparing Cournot and Bertrand Equilibria in a Differentiated Duopoly with Product R&D [J]. International Journal of Industrial Organization, 2003（21）：39-55.

[143] Baron R.M., Kenny D.A. The Moderator-mediator Variable Distinction in Social Psychological Research: Conceptual, Strategic, and Statistical Considerations [J]. Journal of Personality & Social Psychology, 1986, 51（6）：1173-1182.

[144] Mackinnon D.P., Lockwood C.M., Hoffman J.M., et al. A Comparison of Methods to Test Mediation and Other Intervening Variable Effects [J]. Psychological Methods, 2002, 7（1）：83-104.

[145] 程令国, 张晔, 沈可. 教育如何影响了人们的健康？——来自中国老年人的证据 [J]. 经济学（季刊）, 2014（1）：305-330.

[146] 孙铮, 李增泉, 王景斌. 所有权性质、会计信息与债务契约 [J]. 管理世界, 2006（10）：100-107.

[147] 沈红波, 寇宏, 张川. 金融发展、融资约束与企业投资的实证研究 [J]. 中国工业经济, 2010（6）：55-64.

[148] Beck T., Demirguc-Kunt A., Maksimovic V. Financing Patterns

Around the World: The Role of Institutions [R]. World Bank Policy Research Working Paper, 2002: 2905.

[149] Chowdhury R.H., Maung M. Financial Market Development and the Effectiveness of R&D Investment: Evidence from Developed and Emerging Countries [J]. Research in International Business and Finance, 2012, 26 (2): 258-272.

[150] 王文华, 张卓. 金融发展、政府补贴与研发融资约束——来自A股高新技术上市公司的经验证据 [J]. 经济与管理研究, 2013 (11): 51-57.

[151] Keil M., Tan B.C.Y., Wei K.K., et al. A Cross-Cultural Study on Escalation of Commitment Behavior in Software Projects [J]. MIS Quarterly, 2000, 24 (2): 299-325.

[152] Li X. China's Regional Innovation Capacity in Transition: An Empirical Approach [J]. Research Policy, 2009, 38 (2): 338-357.

[153] Lin C., Lin P., Song F. Property Rights Protection and Corporate R&D: Evidence from China [J]. Journal of Development Economics, 2010, 93 (1): 49-62.

[154] 廖开容, 陈爽英. 制度环境对民营企业研发投入影响的实证研究 [J]. 科学学研究, 2011, 29 (9): 1342-1348.

[155] 王立清, 杨宝臣, 高常水. 制度环境对企业R&D投入的影响——基于我国上市公司的经验证据 [J]. 科技进步与对策, 2011, 28 (22): 79-83.

[156] 林木西, 张紫薇, 和军. 研发支持政策、制度环境与企业研

发投入［J］.上海经济研究，2018（9）：35-48.

［157］严若森，姜潇.关于制度环境、政治关联、融资约束与企业研发投入的多重关系模型与实证研究［J］.管理学报，2019，16（1）：72-84.

附 录

附录1 中国创新指数情况

附表1 2005~2016年中国创新指数情况

指数	2005年	2006年	2007年	2008年
中国创新指数	100.0	105.7	110.8	116.5
一、创新环境指数	100.0	106.4	112.1	114.4
1.劳动力中大专及以上学历人数指数	100.0	111.9	121.2	123.7
2.人均GDP指数	100.0	112.1	127.3	138.9
3.理工科毕业生占适龄人口比重指数	100.0	103.7	107.4	111.1
4.科技拨款占财政拨款的比重指数	100.0	106.2	107.9	104.8
5.享受加计扣除减免税企业所占比重指数	100.0	98.7	99.0	98.2
二、创新投入指数	100.0	103.1	107.8	113.5
1.每万人R&D人员全时当量指数	100.0	109.5	125.9	141.8
2.R&D经费占GDP比重指数	100.0	105.3	106.1	111.4
3.基础研究人员人均经费指数	100.0	104.2	110.8	125.7
4.企业研发投入指数	100.0	101.8	104.9	108.3
5.有研发机构的企业所占比重指数	100.0	99.8	102.6	103.4
6.开展产学研合作的企业所占比重指数	100.0	98.3	98.6	96.0
三、创新产出指数	100.0	109.0	113.4	123.2
1.每万人科技论文数指数	100.0	111.8	119.9	124.5

续表

指数	2005年	2006年	2007年	2008年
2. 每万名R&D人员专利授权数指数	100.0	118.5	138.2	142.6
3. 发明专利授权数占专利授权数的比重指数	100.0	92.9	87.8	109.6
4. 每百家企业商标拥有量指数	100.0	98.7	99.0	102.3
5. 每万名科技活动人员技术市场成交额指数	100.0	127.0	130.6	142.9
四、创新成效指数	100.0	104.4	110.0	114.7
1. 新产品销售收入占主营业务收入的比重指数	100.0	101.3	107.4	109.7
2. 高技术产品出口额占货物出口额的比重指数	100.0	101.4	99.5	101.4
3. 单位GDP能耗指数	100.0	102.8	108.2	114.2
4. 人均主营业务收入指数	100.0	114.5	131.0	138.6
5. 科技进步贡献率指数	100.0	102.5	106.5	113.0

指数	2009年	2010年	2011年	2012年
中国创新指数	125.5	131.8	139.4	148.1
一、创新环境指数	121.7	131.0	138.2	144.1
1. 劳动力中大专及以上学历人数指数	134.3	161.7	184.7	194.7
2. 人均GDP指数	150.9	166.2	181.1	194.2
3. 理工科毕业生占适龄人口比重指数	115.7	120.0	124.3	128.4
4. 科技拨款占财政拨款的比重指数	107.4	116.4	114.1	113.0
5. 享受加计扣除减免税企业所占比重指数	106.0	103.0	106.3	113.5
二、创新投入指数	130.5	132.3	140.1	151.5
1. 每万人R&D人员全时当量指数	164.5	182.5	205.0	229.7
2. R&D经费占GDP比重指数	129.2	131.1	135.6	146.2
3. 基础研究人员人均经费指数	143.6	163.5	187.0	206.2
4. 企业研发投入指数	107.2	112.8	115.9	119.7
5. 有研发机构的企业所占比重指数	132.3	117.6	124.4	142.7
6. 开展产学研合作的企业所占比重指数	114.6	103.7	100.9	102.5
三、创新产出指数	127.4	137.2	150.0	164.2
1. 每万人科技论文数指数	147.8	152.8	154.3	155.6
2. 每万名R&D人员专利授权数指数	174.2	230.6	243.8	284.9

续表

指数	2009年	2010年	2011年	2012年
3. 发明专利授权数占专利授权数的比重指数	108.0	89.3	105.4	102.5
4. 每百家企业商标拥有量指数	94.7	100.1	112.0	125.2
5. 每万名科技活动人员技术市场成交额指数	127.8	155.3	171.7	211.1
四、创新成效指数	122.3	126.4	129.5	132.4
1. 新产品销售收入占主营业务收入的比重指数	118.7	115.2	113.9	111.5
2. 高技术产品出口额占货物出口额的比重指数	109.5	109.0	100.9	102.5
3. 单位GDP能耗指数	118.5	123.5	126.1	130.7
4. 人均主营业务收入指数	158.5	177.1	210.1	225.8
5. 科技进步贡献率指数	112.0	117.8	119.7	120.8

指数	2013年	2014年	2015年	2016年
中国创新指数	152.6	158.2	171.5	181.2
一、创新环境指数	150.3	155.2	163.9	172.0
1. 劳动力中大专及以上学历人数指数	208.0	211.9	244.9	237.4
2. 人均GDP指数	208.1	222.1	239.2	253.7
3. 理工科毕业生占适龄人口比重指数	128.4	133.0	133.0	135.7
4. 科技拨款占财政拨款的比重指数	112.1	108.0	101.2	105.0
5. 享受加计扣除减免税企业所占比重指数	123.2	133.5	150.3	175.8
二、创新投入指数	153.2	157.8	164.2	172.2
1. 每万人R&D人员全时当量指数	248.7	259.9	262.0	268.7
2. R&D经费占GDP比重指数	152.3	155.3	157.5	161.3
3. 基础研究人员人均经费指数	217.9	228.5	248.0	262.5
4. 企业研发投入指数	120.5	121.6	125.5	122.1
5. 有研发机构的企业所占比重指数	129.7	131.3	143.8	164.1
6. 开展产学研合作的企业所占比重指数	100.6	105.0	106.6	114.5
三、创新产出指数	168.4	177.2	208.3	223.3
1. 每万人科技论文数指数	156.9	159.1	165.4	165.4
2. 每万名R&D人员专利授权数指数	276.5	259.2	337.9	334.0
3. 发明专利授权数占专利授权数的比重指数	96.9	111.5	136.7	153.7

指数	2013年	2014年	2015年	2016年
4.每百家企业商标拥有量指数	141.1	153.0	180.0	216.0
5.每万名科技活动人员技术市场成交额指数	229.9	250.3	287.7	305.1
四、创新成效指数	138.5	142.4	149.5	157.3
1.新产品销售收入占主营业务收入的比重指数	116.3	120.6	127.3	139.5
2.高技术产品出口额占货物出口额的比重指数	104.4	98.5	100.7	100.6
3.单位GDP能耗指数	135.8	142.5	151.7	159.6
4.人均主营业务收入指数	251.7	276.0	300.8	329.7
5.科技进步贡献率指数	122.9	125.5	128.0	130.6

数据来源：国家统计局社科文司《中国创新指数研究》课题组。

附录2 第四章博弈分析计算过程

式（4-4）计算过程：

消费者效用函数为：

$$U(q_i, q_j, M) = q_i + q_j - \frac{q_i^2}{u_i^2} - \frac{q_j^2}{u_j^2} - \sigma \frac{q_i q_j}{u_i u_j} + M, \quad i,j=1,2, \quad i \neq j \quad (4-3)$$

最大化消费者效用：$\frac{\partial U}{\partial q_i} = \frac{\partial U}{\partial q_j} = 0$，得：

$$q_i = \frac{u_i[2u_i(1-p_i) - \sigma u_j(1-p_j)]}{(2-\sigma)(2+\sigma)}, \quad i,j=1,2, \quad i \neq j \quad (4-4)$$

式（4-5）、式（4-6）计算过程：

将式（4-4）代入利润函数 $\pi_i = (p_i - c)q_i - R_i[1+\phi(S)] + S$，得企业 i 的利润函数：

$$\pi_i = (p_i - c)\frac{u_i[2u_i(1-p_i) - \sigma u_j(1-p_j)]}{(2-\sigma)(2+\sigma)} - R_i[1+\phi(S)] + S, \quad i,j=1,2, \quad i \neq j$$

$$(a-1)$$

对应的，企业 j 的利润函数为：

$$\pi_j = (p_j-c)\frac{u_j[2u_j(1-p_j)-\sigma u_i(1-p_i)]}{(2-\sigma)(2+\sigma)} - R_j[1+\phi(S)]+S, \quad i,j=1,2, \quad i\neq j \tag{a-2}$$

最大化式（a-1）、式（a-2）：$\frac{\partial \pi_i}{\partial p_i}=\frac{\partial \pi_j}{\partial p_j}=0$，得：

$$p_i = c + \frac{(1-c)[(8-\sigma^2)u_i-2\sigma u_j]}{(4-\sigma)(4+\sigma)u_i}, \quad i,j=1,2, \quad i\neq j \tag{4-5}$$

$$p_j = c + \frac{(1-c)[(8-\sigma^2)u_j-2\sigma u_i]}{(4-\sigma)(4+\sigma)u_j}, \quad i,j=1,2, \quad i\neq j \tag{a-3}$$

将式（4-5）、式（a-3）代入式（a-1）得企业 i 在最优定价下的利润：

$$\pi_i = \frac{2(1-c)^2[(8-\sigma^2)u_i-2\sigma u_j]^2}{(2-\sigma)(2+\sigma)(4-\sigma)^2(4+\sigma)^2} - R_i[1+\phi(S)]+S, \quad i,j=1,2, \quad i\neq j \tag{4-6}$$

将式（4-5）、式（a-3）代入式（a-2）得企业 j 在最优定价下的利润：

$$\pi_j = \frac{2(1-c)^2[(8-\sigma^2)u_j-2\sigma u_i]^2}{(2-\sigma)(2+\sigma)(4-\sigma)^2(4+\sigma)^2} - R_j[1+\phi(S)]+S, \quad i,j=1,2, \quad i\neq j \tag{a-4}$$

式（4-7）计算过程：

将 R&D 投入转化率的关系函数 $u_i = R_i^{\frac{1}{4}}+\rho R_j^{\frac{1}{4}}$、$u_j = R_j^{\frac{1}{4}}+\rho R_i^{\frac{1}{4}}$ 代入式（4-6）和式（a-4），得：

$$\pi_i = \frac{2(1-c)^2[(8-\sigma^2)(R_i^{\frac{1}{4}}+\rho R_j^{\frac{1}{4}})-2\sigma(R_j^{\frac{1}{4}}+\rho R_i^{\frac{1}{4}})]^2}{(2-\sigma)(2+\sigma)(4-\sigma)^2(4+\sigma)^2} - R_i[1+\phi(S)]+S,$$

$$i,j=1,2, \quad i\neq j \qquad (a\text{-}5)$$

$$\pi_j = \frac{2(1-c)^2[(8-\sigma^2)(R_j^{\frac{1}{4}}+\rho R_i^{\frac{1}{4}})-2\sigma(R_i^{\frac{1}{4}}+\rho R_j^{\frac{1}{4}})]^2}{(2-\sigma)(2+\sigma)(4-\sigma)^2(4+\sigma)^2} - R_j[1+\phi(S)]+S,$$

$$i,j=1,2, \quad i\neq j \qquad (a\text{-}6)$$

最大化式（a-5）、式（a-6）：$\frac{\partial \pi_i}{\partial R_i}=\frac{\partial \pi_j}{\partial R_j}=0$，得：

$$R_0=R_1=R_2=\frac{(1-c)^4(8-\sigma^2-2\sigma\rho)^2(1+\rho)^2}{(2+\sigma)^2(4+\sigma)^2(4-\sigma)^4[1+\phi(S)]^2} \qquad (4\text{-}7)$$

附录3 "中国大陆最具创新力城市"榜单

附表2 2010~2017年《福布斯》中文版"中国大陆最具创新力城市"排名

排名	2010年	2011年	2012年	2013年	2014年	2015年	2017年
1	深圳	深圳	苏州	苏州	深圳	深圳	深圳
2	上海	苏州	深圳	无锡	苏州	北京	北京
3	苏州	上海	上海	北京	北京	苏州	上海
4	北京	北京	无锡	深圳	杭州	杭州	苏州
5	吴江	吴江	吴江	上海	上海	上海	广州
6	东莞	无锡	北京	杭州	无锡	无锡	成都
7	杭州	杭州	杭州	宁波	南京	南京	芜湖
8	昆山	昆山	宁波	东莞	宁波	宁波	杭州
9	常熟	常熟	常熟	常州	广州	广州	合肥
10	绍兴	张家港	昆山	南通	常州	常州	重庆
11	张家港	大连	南通	南京	东莞	昆山	绍兴
12	无锡	东莞	大连	常熟	天津	武汉	昆山
13	广州	南通	南京	绍兴	昆山	天津	青岛
14	宁波	宁波	东莞	佛山	武汉	东莞	无锡
15	中山	绍兴	绍兴	天津	南通	青岛	西安

续表

排名	2010年	2011年	2012年	2013年	2014年	2015年	2017年
16	太仓	宜兴	常州	中山	佛山	合肥	宁波
17	大连	中山	中山	芜湖	中山	成都	天津
18	佛山	芜湖	天津	海门	青岛	中山	泉州
19	天津	广州	扬州	广州	镇江	绍兴	南京
20	宜兴	合肥	佛山	慈溪	长沙	佛山	东莞
21	芜湖	太仓	海门	昆山	成都	镇江	佛山
22	台州	天津	镇江	镇江	大连	南通	中山
23	长沙	佛山	广州	金华	绍兴	常熟	常熟
24	嘉兴	扬州	慈溪	成都	常熟	长沙	温州
25	湖州	常州	金华	嘉兴	合肥	张家港	珠海

注：2016年《福布斯》中文版未发布相关排行榜。

数据来源：《福布斯》中文版网站。